나는 생각을 바꾸는 문제해결사

마음 행복 연습장 01

나는 생각을 바꾸는 문제해결사 **지침서**

2018년 2월 26일 초판 1쇄 발행
2022년 3월 21일 초판 2쇄 발행

지은이 양윤란·이경희·고혜정·이은식·강지현

책임편집 임현규·정세민
편집 정용준·이창현
디자인 김진운
표지 일러스트 서희
본문조판 민들레
마케팅 최민규

펴낸이 고하영
펴낸곳 ㈜사회평론아카데미
등록번호 2013-000247(2013년 8월 23일)
전화 02-326-1545
팩스 02-326-1626
주소 03993 서울특별시 마포구 월드컵북로6길 56
이메일 academy@sapyoung.com
홈페이지 www.sapyoung.com

ⓒ 양윤란·이경희·고혜정·이은식·강지현, 2022

ISBN 979-11-88108-44-2

마음
행복
연습장

01

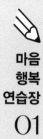

나는 생각을 바꾸는 문제해결사

우울한 십대를 위한 인지행동치료 프로그램

지침서

양윤란 · 이경희 · 고혜정 · 이은식 · 강지현

사회평론아카데미

차례

서 문

이 책을 준비하고 쓰는 과정이 녹록하지는 않았지만 의미있는 시간이었습니다. 우울한 십대에게 다가가기 위한 상담의 아이디어를 생각해내는 작업은 깊은 잠에 빠진 저자들의 상상력을 깨워야 해서 고되었습니다. 저자들은 함께 회의를 하고 아이디어를 구체화하고 워크북과 지침서를 만들고 우울한 십대들에게 적용해보고 수정하는 작업을 4년 동안 반복했습니다. 4년의 시간 동안 좋은 팀웍으로 공동 작업을 할 수 있었던 것은 모든 저자들에게 큰 행운이었습니다. 저자들은 이 책에 우울한 십대를 위한 기존의 인지행동치료 프로그램들의 성과와 저자들의 상담 경험을 함께 담고자 노력했습니다. 이 책이 우울한 십대들, 도와주고 싶은데 어찌해야 할지 막막한 부모님들 그리고 이들을 돕기 위해 애쓰시는 현장의 상담자들에게 도움이 되기를 바랍니다.

책을 쓸 수 있도록 용기를 북돋위주시고 논문을 지도하실 때처럼 책에 대한 피드백을 주신 연세대학교의 오경자 교수님 감사합니다. 상계백병원에서 심리학자로 일하고 있는 최지영 교수님은 아동 청소년 인지행동치료 분야의 오랜 동료로 이 책 전반에 대한 구체적인 자문을 해주었습니다. 김다정, 신혜연 선생님은 아동 청소년 인지행동치료를 시작하는 치료자의 관점에서 저자들이 생각하지 못한 점들을 알려주었습니다. 한국의 출판사들이 모두 어려운 상황임에도 불구하고 대중적이지 않은 심리학 책을 출판해주신 사회평론의 윤철호 사장님과 저자들의 요구를 모두 들어주려고 애써주신

편집자 임현규님 고맙습니다. 저자의 십대 자녀들은 이 책의 아이디어들을 실험하는 데 기꺼이 도움을 주었습니다. 덕분에 나는 생각을 바꾸는 문제해결사가 좀 더 생기를 갖게 되었습니다. 책을 쓰는 동안 가족과 함께 하지 못한 시간들을 이해해주고 책 쓰는 작업을 응원해준 가족들에게도 감사합니다.

여러분의 마음속으로 우리를 초대해주고 배울 수 있는 기회를 준 십대들에게 특별한 감사를 드립니다.

2017년 12월 공동 저자들을 대신하여
마인드빅 상담센터
양윤란

소개

　『나는 생각을 바꾸는 문제해결사』는 10~15세의 우울한 아동·청소년을 위한 인지행동치료 프로그램이다. 인지행동치료는 우울한 아동과 청소년을 대상으로 한 치료 가운데 가장 많은 검증을 받았다(구훈정·최승미·권정혜, 2012). 아동·청소년의 우울증 경감에 효과가 있다고 알려진 인지행동치료 프로그램[1]들은 우울·감정에 대한 교육, 즐거운 활동, 적응적인 활동, 이완, 문제해결기술, 인지 재구조화, 재발방지를 주요 내용으로 한다.

　본 프로그램도 (1)우울·감정에 대한 교육 (2)보상은 늘리고 처벌은 줄이는 방식으로 행동하는 행동조절기술 (3)문제를 해결하는 방법을 배우는 문제해결기술 (4)부정적으로 왜곡되어 있는 생각을 찾아 현실적인 생각으로 바꾸는 인지 재구조화 (5)우울의 재발방지를 주요 내용으로 한다.

　프로그램의 제목인 『나는 생각을 바꾸는 문제해결사』는 아동·청소년이 이 프로그램을 통해 배울 내용들의 약자를 따서 만들었다. '나'는 행동조절기술을 배우는 회기의

1　ACTION Program(Stark & Kendall, 1996; Stark, Schnoebelen, Simpson, Hargrave, Molnar, & Glenn, 2005; Stark, Simpson, Schnoebelen, Glenn, Hargrave, & Molnar, 2005).
　Primary And Secondary Control Enhancing Training(Weisz, Weersing, Valeri, & McCarty, 1997, 1999; Weisz, Gray, Bearman, & Stark, 2008)
　Adolescent Coping with Depression Course(Clarke, Lewinsohn, & Hops, 1990a, b)

제목인 **즐거운 나, 편안한 나, 자신감 있는 나, 도전하는 나, 함께하는 나**에서 따왔다. '생각을 바꾸는'은 부정적인 생각을 현실적인 생각으로 바꾸는 인지 재구조화를 의미한다. '문제해결사'는 문제에 효과적으로 대처하는 문제해결기술을 의미한다.

프로그램의 구성

프로그램을 구성하는 내용을 요약해서 표 1에 제시하였다. 프로그램의 도입부에 해당하는 우울·감정 교육은 심리교육적 접근에 기초하고 있다. **우울 교육** 시간에는 우울 증상, 우울의 영향, 우울을 조절하는 방법을 소개한다. 우울에 대한 심리교육은 프로그램 참여에 대한 동기를 고취하고 이 프로그램을 통해 얻게 될 성과에 대해 긍정적인 기대를 갖게 하는 데 도움이 된다. **감정 교육**은 일부 우울한 아동과 청소년들이 자신의 기분을 잘 알아차리지 못하는 점 때문에 포함하였다. 우울조절기술을 배우고 필요한 순간에 사용하기 위해서는 우울한 감정을 인식하고 이를 표현하는 것이 중요하다. 감정 교육 시간에는 우울한 감정을 인식하고 말로 표현하는 방법을 다양한 활동을 통해 배운다.

행동조절기술이란 아동·청소년이 원치 않는 상황이나 환경을 바꿀 수 없을 때 스스로 행동을 조절해서 보상을 늘리고 처벌은 줄여서 우울에 대처하는 기술을 의미한다. 본 프로그램에서 다루는 행동조절기술은 (1) 기분을 전환하는 즐거운 활동 (2) 우울, 짜증, 과민함과 같은 부정적인 감정을 진정시키고 해소하는 활동 (3) 위축된 행동, 에너지가 적은 행동, 불평과 같은 우울 의존 행동 대신 밝고 자신감 있게 행동하는 적응적인 활동 (4) 현실적으로 가능한 성취를 통해 보상을 늘리는 성취 추구 활동 (5) 능동적으로 사회적 지지를 추구하는 활동 (6) 의사소통기술인 듣고 말하기 활동이다.

상담자는 사례개념화를 토대로 의사소통기술을 연습하는 **듣고 말하는 나** 회기를 상담 내용에 포함할지 선택할 수 있다. Lewinshon, Clarke, Hops와 Andrews(1990)는 십대 우울증에서는 일반적으로 사회기술의 손상이 나타난다는 전제하에 우울 관련 프

표 1. 프로그램의 구성

주요 내용		회기 제목
우울 교육		우울을 이해하기
감정 교육		기분을 이해하기
행동조절기술	즐거운 활동	즐거운 나
		더 즐거운 나
	이완하는 활동	편안한 나
	적응적인 활동	자신감 있는 나
	성취 추구 활동	도전하는 나
	사회적 지지 추구 활동	함께하는 나
	의사소통기술(선택 회기)	듣고 말하는 나
문제해결기술		**문제해결사**란?
		문제해결사를 연습하기
		문제해결사가 되기
인지 재구조화		생각 바꾸기: **더 안 좋다**
		생각 바꾸기: **더 안 좋다**는 생각 찾기
		생각 바꾸기: **새 친구 탐정**
재발방지		나는 생각을 바꾸는 문제해결사: 현재편
		나는 생각을 바꾸는 문제해결사: 미래편

로그램은 일종의 대화 기법을 포함할 필요가 있다고 제안하였다. 아동·청소년이 적응적인 활동이나 사회적 지지 추구 활동을 통해 또래들로부터 보상을 얻으려면 의사소통기술이 적절해야 한다. 의사소통기술이 부족해서 또래들에게 사회적 강화나 지지를 얻

지 못하는 사례는 **자신감 있는 나** 또는 **함께하는 나** 회기를 진행하기 전에 **듣고 말하는 나** 회기를 실시할 것을 권장한다. 단, 사회기술의 손상이 심각한 사례는 **듣고 말하는 나** 회기만으로는 충분하지 않고 좀 더 집중적인 사회기술훈련이 필요하다.

문제해결기술은 문제의 정의, 다양한 해결방법의 생성, 해결방법의 장단점에 대한 예상, 최선의 방법 선택, 실행과 결과 평가의 과정을 포함한다. 아동·청소년의 우울한 기분에 영향을 주는 문제들 중에는 친구들의 따돌림, 부모와의 갈등, 과도한 학원 숙제와 같이 변화가 가능한 것이 있다. 반면에 부모의 사망, 이혼, 진학 실패, 전학처럼 변화가 불가능한 것도 있다. 아동·청소년은 변화가 가능한 문제라면 변화를 꾀하는 문제해결을 시도하고 변화가 불가능한 문제라면 부정적인 영향을 최소화할 수 있는 문제해결을 통해 우울해지는 것에 대처할 수 있다. 문제해결기술은 총 3회기에 걸쳐 배운다.

인지 재구조화는 부정적으로 왜곡된 생각을 좀 더 현실적인 생각으로 바꾸는 것이다. 인지 재구조화 작업은 3회기에 걸쳐 진행한다. 첫 번째 회기에서는 생각이 왜 중요한지와 부정적인 생각이란 무엇인가를 배운다. 두 번째 회기에서는 자신의 부정적인 생각을 알아채는 방법을, 세 번째 회기에서는 부정적인 생각을 현실적인 생각으로 바꾸는 방법을 배우고 연습한다.

재발방지는 말 그대로 우울의 재발을 예방하기 위한 내용들로 구성되어 있다. 재발방지는 2회기에 걸쳐 진행한다. 첫 번째 회기에서는 그동안 익힌 우울조절기술을 다시 한 번 되새기고 현재 남아 있는 우울 증상 또는 우울을 다루는 데 적합한 방법을 찾아 이를 실행한다. 두 번째 회기에서는 미래에 우울해질 수 있는 상황이나 사건을 예측해서 우울을 예방하기 위한 계획과 앞으로 더 활동적이고 긍정적이고 자신감 있게 생활하기 위한 계획을 세운다.

프로그램의 진행 순서

프로그램을 진행하는 순서는 표 1에서 제시한 회기 순서를 따른다. 지침서, 워크북, 부모용 자료는 표 1의 회기 순서대로 구성되어 있다. 단, **듣고 말하는 나** 회기는 선택 회기여서 마지막에 수록하였다.

우울·감정 교육, 행동조절기술, 문제해결기술, 인지 재구조화, 재발방지의 순서로 회기를 진행하는 근거는 다음과 같다. 우선 우울하면 동기와 활동 수준이 낮고 희망이 없다고 느끼기 때문에 일반적으로 인지행동치료에서는 행동을 활성화시키는 개입을 먼저 한다. 본 프로그램도 행동을 활성화시키는 방법과 사회기술훈련을 포함하는 행동조절기술을 프로그램의 앞부분에 배치하였다. 인지 재구조화는 우울 증상들을 악화시키는 부정적 사고에 집중할 것을 요구해서 상담의 후반부에 다루기 때문에(Kendall, 2010) 본 프로그램에서도 인지 재구조화를 후반부에 배치하였다.

프로그램에서 소개하는 주요 내용들은 우울을 조절하는 데 도움이 되므로 전체 내용을 모두 진행할 것을 권장한다. 단, 우울한 아동·청소년의 인지행동치료에 경험이 많은 상담자가 자신의 사례에 필요한 우울조절기술만을 선택해서 상담을 진행하고 싶다면 다음 사항들을 고려할 것을 권한다. 첫째, 아동의 인지발달 수준, 우울 증상, 우울증의 심각성 등을 고려한 사례개념화에 근거해 우울조절기술을 선택해야 한다. 사례개념화에 대한 논의는 본 지침서의 범위를 넘어가므로 지침서에는 포함하지 않았다. 둘째, 사례개념화에 근거해서 상담자가 선택한 우울조절기술의 회기별 진행 순서는 표 1을 참고한다. 마지막으로 문제해결기술과 인지 재구조화는 아동이 배울 기술을 작은 과제로 나누어 3회기에 걸쳐 점진적으로 배우도록 만들었으므로 회기의 순서를 지켜야 한다.

프로그램의 대상

이 프로그램은 주요우울장애로 진단받거나 우울을 주요 문제로 가진 10~15세(초등학교 3학년~중학교 2학년)의 아동·청소년을 대상으로 한다. 우울한 십대들은 불안이나 행동 문제와 같은 다른 심리적 문제를 함께 갖고 있는 경우가 흔하다. 주요우울장애와 함께 다른 심리장애가 있더라도 우울이 가장 심각한 문제라면 이 프로그램을 실시할 수 있다. 예를 들어 주요우울장애와 사회불안장애를 공존병리로 갖고 있어도 우울이 사회불안보다 더 심각한 문제라면 프로그램을 진행한다.

　우울보다 더 심각한 심리적 문제를 가진 경우라면, 더 심각한 문제를 먼저 다루고 본 프로그램을 실시할 것을 권유한다. 예를 들어 적대적 반항장애가 심각한 아동은 상담자나 부모에게 협력하지 못하는 문제로 인해 본 프로그램의 도움을 받지 못할 수 있다. 이런 경우는 아동이 상담자나 부모와 협력할 수 있을 정도로 적대적 반항장애가 호전된 후에 이 프로그램을 시작하는 것이 바람직하다.

　인지 발달이 늦더라도 정신연령이 10세 이상이면 프로그램에 참여할 수 있다. 단, 인지 재구조화를 배우는 것이 가능할지 그리고 인지 재구조화가 우울을 조절하는 데 효과적일지를 세심하게 판단해야 한다.

대상자 선정

　본 프로그램이 도움이 되기 위해서는 대상자를 잘 선별해야 한다. 우울 증상에 대한 정확한 평가를 위해서는 가능한 한 다양한 정보원으로부터 정보를 얻어야 한다. 아동·청소년과 부모를 대상으로 구조화된 임상 면접을 실시해서 우울이 주요 문제인지를 확인하는 것이 가장 바람직하다. 그러나 국내에서는 상담자들이 구조화된 임상면접을 훈련받을 기회가 많지 않다. 구조화된 임상면접을 실시할 수 없더라도 우울이 주요 문제인지를 확인하기 위해 아동·청소년 및 부모를 만나 우울 증상에 대한 비구조화된 면접을 실시할 것을 권장한다.

　부모를 직접 면접할 수 없거나 학교에서 우울한 학생을 선별해서 심리상담을 하고자 할 때는 우울을 측정하는 표준화된 질문지를 사용할 수 있다. 표준화된 질문지는 우울 증상에 대한 주관적, 객관적 정보를 손쉽게 얻을 수 있다는 장점이 있다. 상담을 시작하기 전뿐만 아니라 상담을 다 마친 후에도 표준화된 질문지를 사용해서 평가를 해

볼 수 있다. 상담 전후의 우울 증상을 비교해 보는 작업은 내담자의 변화와 진전에 대한 좀 더 객관적인 정보를 제공한다.

국내에서 사용 가능한 몇 가지 우울 관련 평가 도구는 다음과 같다.

- **아동용 우울 척도**(Children's Depression Inventory, CDI). 아동·청소년의 우울 정도를 평가하기 위해 Kovacs(1981)가 제작한 것으로 조수철과 이영식(1990)이 번역, 표준화하였다.
- **한국판 부정적 자기진술 질문지**(Korean Negative Affect Self-Statement Questionnaire, K-NASSQ). 11~15세 아동·청소년의 부정적 자기진술을 측정하기 위해서 Ronan, Kendall과 Rowe(1994)가 개발하였고 이주영과 김지혜(2002)가 타당화 연구를 실시하였다. 이 척도는 우울 관련 자기진술, 부정적 자기평가, 불안 관련 자기진술 및 긍정적 자기진술 요인으로 구성되어 있다.
- **청소년 행동평가 척도-자기보고용**(오경자·김영아·하은혜·이혜련·홍강의, 2010a). 만 11~18세 청소년의 적응상태 및 문제행동을 청소년 자신이 평가하는 표준화된 검사로 불안/우울, 우울/위축 척도를 포함하고 있다.
- **다면적 인성검사-청소년용**(김중술·한경희·임지영·민병배·이정흠·문경주, 2005). 만 13~18세 청소년을 대상으로 하는 표준화된 자기보고식 검사로 우울 증상을 측정할 수 있는 척도를 포함하고 있다.
- **아동·청소년 행동평가 척도-부모용**(오경자·김영아·하은혜·이혜련·홍강의, 2010b). 만 6~18세 아동·청소년의 적응상태 및 문제행동을 부모가 평가하는 표준화된 검사로 불안/우울, 우울/위축 척도를 포함하고 있다.
- **아동·청소년 행동평가 척도-교사용**(오경자·김영아, 2010). 만 6~18세 아동·청소년의 적응상태 및 문제행동을 교사가 평가하는 표준화된 검사로 불안/우울, 우울/위축 척도를 포함하고 있다.

프로그램의 운영

1) 운영 방식

이 프로그램은 개인 또는 집단에 실시할 수 있다. 집단의 구성원은 4~5명이 적절하다. 집단원의 나이는 유사해야(예를 들어 3~4학년, 5~6학년) 사회적 상호작용이 촉진되고 인지 발달 수준에 맞게 상담 내용을 조절할 수 있다. 집단 프로그램을 운영하기 위해서는 집단 구성원이 지켜야 할 규칙을 만드는 것이 도움이 된다. 집단 운영의 일반적인 원칙을 고려해서 집단 규칙을 정한다.

개인 심리상담은 1회기당 50~60분, 집단 심리상담은 100~120분 정도가 적절하다. 각 회기는 일주일의 간격을 두고 실시하는 것이 십대들의 생활 일정과 연습과제를 위한 시간을 확보하는 데 편리하다. 재발방지 회기인 **나는 생각을 바꾸는 문제해결사: 현재편**과 **미래편**은 회기를 다루기 전에 2주 정도의 간격을 두는 것이 좋다.

2) 지침서에 근거한 상담

이 프로그램은 십대를 위한 워크북, 상담자 지침서, 부모용 자료로 구성되어 있다. 워크북에는 상담시간에 배우고 연습할 주요 우울조절기술들을 자세히 소개하였고 상담실 밖에서 연습해야 하는 연습과제를 제시하였다. 상담자 지침서에는 회기 내용을 어떻게 진행할지를 자세히 기술하였다. 각 회기 안에 포함되어 있는 활동과 활동의 제시 순서는 우울조절기술을 배우기 쉽게 구성한 것이므로 활동을 생략하거나 순서를 바꾸지 말고 그대로 사용하는 것이 좋다. 상담자 지침서는 프로그램의 대상인 10~15세의 아동과 청소년을 언급할 때, 아동, 아동·청소년, 십대라는 3가지 표현을 섞어 쓰고 있음을 밝힌다.

상담자 지침서는 상담자가 아동·청소년의 인지행동치료에 대한 지식과 경험을 지니고 있다는 전제하에 기술하였다. 아동·청소년 인지행동치료의 구체적인 적용 방법에 대해 좀 더 알려면 국내 도서로는 정현희와 김미리혜(2007)가 번역한 『아동과 청소년을 위한 인지치료』를 참고할 수 있다.

3) 상담자와 내담자의 협력

본 프로그램이 내담자에게 도움을 주기 위해서는 상담자와 내담자, 상담자와 부모가 잘 협력해야 한다. 아동이 치료자와 긍정적인 관계를 맺을수록 긍정적인 치료 결과를 기대할 가능성이 좀 더 높은 것으로 알려져 있다(Shirk & Saiz, 1992). 따라서 상담자는 십대 내담자 및 부모와 치료적 동맹을 맺는 데 많은 노력을 기울여야 한다.

상담자가 상담을 활기차고 재미있게 만드는 것은 중요하다. 회기에 따라 또는 내담자의 이해와 참여 정도에 따라 정해진 상담시간보다 워크북의 내용을 빨리 끝내는 경우가 생긴다. 이 때 상담자는 내담자와 즐거운 활동을 할 수 있다. 상담자와 내담자가 함께하는 즐거운 활동은 상담시간의 긴장을 줄여주며 상담 참여에 대한 보상이 될 수 있다. 그러나 2가지 주의할 점이 있다. 첫째, 상담시간 대부분을 게임과 놀이로만 운영해서는 안 된다. 둘째, 상담시간의 구조를 매 회기 일관되게 유지해야 한다. 상담시간에 다루어야 하는 우울조절기술을 모두 다루고 난 후에 놀이나 게임을 하는 것이 좋다. 놀이나 게임을 먼저 하면 기술을 배우는 시간이 부족해질 수 있다.

마지막으로 우울한 십대들이 연습과제를 매주 하는 것은 쉬운 일이 아니다. 연습과제를 수행하고 상담에 참여하는 것에 대한 보상을 주는 것은 상담에 대한 아동의 협력을 이끌어내는 데 도움이 된다. 필요하다면 상담자는 부모와 상의해서 보상제도를 만든다.

4) 부모의 참여

많은 부모들은 자녀가 상담시간에 무엇을 하는지, 가정에서 어떤 도움을 주어야 하는지 구체적으로 알고 싶어 한다. 부모의 참여가 가능하다면 아동·청소년과 상담을 한 후에 부모를 따로 만나는 시간을 가진다. 아동·청소년 상담에서 부모의 협조는 중요하다. 상담 시작 전에 부모용 자료를 미리 전달하면 부모와의 면담을 효과적으로 진행할 수 있다. 매 회기 부모와 면담을 한다면, 면담의 주제가 상담 회기에서 다룬 내용에서 벗어나지 않을 것을 권장한다.

일부 부모들은 부모 면담 시간에 여러 가지 문제들을 상의하고 싶어 한다. 부모가 다루고자 하는 내용이 아동과 가족에게 중요하고 제한된 시간 안에 다룰 수 없을 정도로 길다면, 별도로 시간을 내서 부모만 따로 면담할 것을 권한다. 특히 부모가 우울증을 갖고 있거나 자녀 양육 스트레스가 너무 크다면, 부모의 문제를 다루는 데 상담시간을 너무 많이 사용하기보다는 부모를 다른 상담자에게 의뢰하는 것이 바람직하다.

학교 장면에서 상담을 진행하거나 부모가 매 회기 상담에 참여하지 못하는 경우 부모용 자료는 특히 중요하다. 부모용 자료는 자녀가 상담시간에 무엇을 배우는지, 연습과제가 무엇인지, 부모가 어떤 도움을 줄 수 있는지에 대한 정보를 제공한다. 부모용 자료는 상담자와 부모 사이의 협력을 증진시키고 심리상담에 대한 부모의 신뢰를 높이는 데도 도움이 된다. 부모가 동의를 한다면 학생의 심리상담에 관심을 갖는 교사에게 부모용 자료를 제공하는 것도 도움이 된다.

상담 회기의 운영

상담 회기는 기분의 점검, 지난 회기의 요약, 지난 연습과제의 점검, 우울조절기술을 배우는 활동, 연습과제, 부모가 참여한다면 부모 면담 순서로 진행한다. 상담시간의 구조화는 상담시간이 어떻게 진행될지를 예측할 수 있게 해주어 아동과 청소년에게 안정감과 통제감을 제공한다.

1) 기분의 점검
기분온도계의 개념을 배우고 난 후에는 매 회기 기분온도계를 사용해서 기분을 점검한다. 우선 일주일 동안의 평균적인 기분을 기록한다. 십대들은 일주일 동안의 평균적인 기분을 숫자로 표현하는 것을 쉽게 배운다. 이 방법은 주 단위로 기분이 호전되고 있는지를 알게 해주는 장점이 있다. 기분의 호전을 좀 더 정확하게 평가하기 위해서는 우울 증상 질문지를 매 회기 실시할 수도 있지만 실제 상담 장면에서 우울 증상 질문지를 매번 실시하는 것은 쉽지 않다. 한 주 동안의 기분을 자세히 점검할 필요가 있다면 가장 기분이 좋았을 때와 가장 기분이 나빴을 때를 기분온도계로 나타낼 수 있다.

2) 지난 회기의 요약

지난 회기에 배운 주요 우울조절기술을 간략히 요약한다. 아동에게 일주일이라는 상담 간격은 결코 짧지 않다. 지난 회기에 다룬 내용을 요약하는 것은 아동이 상담에 참여하도록 준비를 시켜주며, 지난 회기에 다룬 내용이 이번 회기와 연결되도록 다리 역할을 해주며, 연습과제의 점검으로 자연스럽게 연결이 되는 이점이 있다.

상담자 지침서에는 매 회기마다 지난 회기의 요약이 실려 있다. 상담의 초반부에는 상담자가 이전 회기를 요약한다. 아동이 상담회기의 구조에 익숙해지면 지난 시간에 다룬 내용을 아동이 요약하게 한다. 워크북을 참고하면 아동도 충분히 요약할 수 있다.

3) 연습과제의 점검

숙제는 부정적인 의미로 느껴질 수 있어서 연습과제라는 용어를 사용한다. 매 회기 새로운 기술을 소개하기 전에 지난 회기의 연습과제를 점검하는 것은 매우 중요하다. 상담자가 연습과제를 점검하는 데 얼마나 공을 들이는지는 아동이 연습과제를 어떻게 생각하는가에 영향을 미칠 수 있다.

4) 우울조절기술을 배우는 활동

십대들의 흥미를 끌고 회기의 내용을 효과적으로 전달하기 위해서 다양한 예, 역할극, 모델링, 토론, 행동실험 등의 방법을 사용해서 활동을 만들었다. 각 회기는 4~6개의 활동을 포함하고 있다. 우울조절기술을 효과적으로 배울 수 있도록 각 회기를 구성하고 있는 활동들은 새로운 우울조절기술의 소개, 기술을 적용한 예의 제시, 기술을 나에게 적용해서 상담시간에 연습해 보기의 순서로 배치하였다.

상담자는 워크북의 예시와 함께 십대들의 실제 경험을 예로 활용하는 것이 좋다. 자신의 경험을 예로 제시하면 상담 활동에 대한 흥미가 더욱 높아질 수 있다. 새로운 기술을 소개할 때 상담자가 워크북을 소리 내어 읽거나 아동에게 읽게 하는 것은 상담에 대한 흥미를 떨어뜨릴 수 있다. 해당 회기의 기술은 여러 가지 활동을 통해 배울 수 있으므로 한 활동에 너무 많은 시간을 할애해서 다른 활동을 할 시간이 부족해지지 않게 해야 한다.

5) 연습과제

연습과제를 하는 것은 상담시간에 배운 기술을 상담실 밖에서 적용해 보는 기회가 되기 때문에 실생활에서 기술을 습득하고 적용하는 데 도움을 준다(Spiegler & Guevremement, 1998). 내담자와 협력해서 연습과제를 정하고 실행계획을 세우는 데는 시간이 꽤 걸린다. 시간에 쫓겨 연습과제를 일방적으로 통보하기보다는 시간이 단 몇 분이라도 남는 것이 낫다. 그 시간에 상담자는 내담자와 재미있는 이야기, 간단한 놀이, 게임을 할 수 있고 상담에 대한 내담자의 생각을 들을 수도 있다. 이러한 활동은 상담회기 동안의 긴장을 해소하고 상담자와 아동의 관계를 증진시키는 데 도움이 된다.

연습과제에 대한 내담자의 협력을 이끌어내기 위해서는 상담자가 연습과제의 필요성을 확신해야 한다. 아동이 연습과제를 해오지 않더라도 이를 저항으로 받아들이기보다는 상담에서 해결해야 할 문제로 보는 것이 바람직하다. 상담자는 연습과제를 내담자와 부모에게 정확히 전달하고 연습과제를 하는 데 뒤따를 수 있는 어려운 점에 대해서도 상담시간에 충분히 다루어야 한다.

참고문헌

구훈정, 최승미, 권정혜(2012). 국내 아동·청소년 심리 치료 효과 검증 연구의 방법론적 고찰과 메타분석: 학회지 게재 논문을 중심으로, 1995-2010. 한국심리학회지: 임상, 31(1), 43-73.

김중술, 한경희, 임지영, 민병배, 이정흠, 문경주(2005). 다면적 인성검사-청소년용 매뉴얼. 서울: (주)마음사랑.

오경자, 김영아(2010). 아동·청소년 행동평가 척도-교사용. 서울: 휴노.

오경자, 김영아, 하은혜, 이혜련, 홍강의(2010a). 청소년 행동평가 척도-자기보고용. 서울: 휴노.

오경자, 김영아, 하은혜, 이혜련, 홍강의(2010b). 아동·청소년 행동평가 척도-부모용. 서울: 휴노.

이주영, 김지혜(2002). 아동·청소년의 우울 및 불안과 관련된 부정적 자기진술: 한국판 부정적 자기진술 질문지(Negative Affect Self-Statement Questionnaire)의 타당화 연구. 한국심리학회지: 임상, 21(4), 871-889.

조수철, 이영식(1990). 한국형 소아 우울척도의 개발. 신경정신의학, 29, 943-956.

Amirkman, J. H.(1990). A factor analytically derived measure of coping: The coping strategy indicator. *Journal of Personality and Social Psychology, 59*, 1066-1074

Clarke, G. N., Lewinsohn, P. M., & Hops, H.(1990a). *Leader's manual for adolescent groups: Adolescent coping with depression course.* Eugene, OR: Castalia Publishing Company.

Clarke, G. N., Lewinsohn, P. M., & Hops, H.(1990b). *Student workbook: Adolescent coping with depression course.* Eugene, OR: Castalia Publishing Company.

Endler, N. S. & Parker, J. D. A.(1990). Multidimensional assessment of coping: A critical evaluation. *Journal of Personality and Social Psychology, 58*, 844-864.

Friedberg, R. D. & McClure, J. M.(2007). 아동과 청소년을 위한 인지치료(정현희, 김미리혜 역). 서울: 시그마프레스(원전은 2002년 출판).

Kendall, P. C.(2010). 아동·청소년 심리치료: 인지행동적 접근(신현균, 김정호, 최영미 역). 서울: 학지사(원전은 2006년 출판).

Kendall, P. C., Stark, K. D., & Adam, T.(1990). Cognitive deficit or cognitive distortion in childhood depression. *Journal of Abnormal Child Psychology, 18*, 255-270.

Kovacs, M.(1981). Rating scales to assess depression in school-aged children. *Acta*

Paedopsychiatry, 46, 305-315.

Lewinshon, P. M., Clarke, G. N., Hops, H., & Andrews, J. (1990). Cognitive-behavioral treatment for depressed adolescents. *Behavioral Therapy, 21*, 385-401.

Reynolds, W. M., & Coats, K. I. (1986). A comparison of cognitive-behavioral therapy and relaxation training for the treatment of depression in adolescents. *Journal of Consulting and Clinical Psychology, 54*(5), 653-660.

Ronan, K. R., Kendall, P. C., & Rowe, M. (1994). Negative affectivity in children: Development and validation of a self-statement questionnaire. *Cognitive Therapy and Reaserch, 18*(6), 509-528.

Shirk, S. R. & Saiz, C. (1992). Clinical, empirical, and developmental perspectives on the therapeutic relationship in child psychotherapy. *Development and Psychopathology, 4*(4), 713-728.

Spiegler, M. D. & Guevrememont, D. C. (1998). *Contemporary Behavior Therapy* (3rd ed.). Pacific Grove, CA: Books/Cole.

Stark, K. D. & Kendall, P. C. (1996). *Treating depressed children: Therapist manual for ACTION*. Ardmore, PA: Workbook Publishing.

Stark, K. D., Schnoebelen, S., Simpson, J., Hargrave, J., Molnar, J., & Glenn, R. (2005). *Treating depressed children: Therapist manual for ACTION*. Ardmore, PA: Workbook Publishing.

Stark, K. D., Simpson, J., Schnoebelen, S., Glenn R., Hargrave, J., & Molnar, J. (2005). *ACTION workbook*. Ardmore, PA: Workbook Publishing.

Weisz, J. R., Weersing, V. R., Valeri, S. M., & McCarty, C. A. (1997). *Act & Think: Youth Practice Book for PASCET*. Los Angeles: University of California.

Weisz, J. R., Weersing, V. R., Valeri, S. M., & McCarty, C.A. (1999). *Act & Think: Youth Practice Book for PASCET* (2nd ed.). Los Angeles: University of California.

Weisz, J. R., Gray, J. S., Bearman, S. K., & Stark, K. (2008). *Therapist manual PASCET: Primary and Secondary Control Enhancement Training* (3rd ed.). Cambridge, MA: Harvard University.

우울을 이해하기

정상적인 슬픔과 특별한 도움이 필요한 우울을 구분하는 것은 중요하다. 우울에 대한 심리교육은 십대들이 우울을 자신의 일부가 아닌 조절 가능하고 해결 가능한 문제로 인식하게 도와준다. 이 회기는 우울한 십대들에게 프로그램의 시작을 알리는, 즉 문을 여는 역할을 한다. 집에 귀한 손님을 초대하면 현관에 나가 문을 열어주고 손님을 환대하고 친절하게 집을 안내해주듯이, 상담자들은 우울한 십대들과 라포를 쌓고 우울이 무엇인지 그리고 앞으로 이 프로그램에서 무엇을 하게 될 것인지를 안내한다. 지침서에는 언급되어 있지 않지만 상담자가 이 회기에서 해야 할 중요한 일은 우울한 십대와 서로 협력하는 관계를 맺는 것이다.

목표

- 우울에 대해서 배우고 기분-생각-행동의 관계를 이해한다.
- 프로그램 참여에 관한 행동 계약서를 작성한다.

활동 1 우울이란 무엇일까?　　　　　　　　　　　　　　　워크북 6쪽

슬픔과 우울을 구분하는 것은 중요하다. 상실이나 좌절을 경험했을 때 슬픔을 느끼는 것은 자연스러운 일이다. 할머니의 죽음, 강아지를 잃어버린 일, 제일 친한 친구의 전학과 같은 일을 겪었을 때 슬픔을 느끼는 것은 정상적이며 적응적이다. 단 슬픔이 지나치고 너무 오래 계속되어 생활에 심각한 지장을 초래한다면, 이때는 우울하다고 할 수 있다. 우울은 생활을 망쳐놓는다. 현재의 즐거움이나 미래의 꿈을 앗아가 버리고 세상을 어둡게 보게 만들고 자신감을 잃게 한다. 가족이나 친구 같은 사랑하는 사람과도 멀어진 듯한 느낌이 들게 한다. 우울은 특별한 도움이 필요한 기분이다.

　　아동에게 우울에 대한 교육을 하는 것은 우울을 자기의 일부로 받아들이지 않게 하려는 목적이 있다. 심한 감기에 걸려서 계속 코를 푸는 영수를 생각해 보자. 친구들은 영수를 코흘리개라고 부른다. 친구들이 그렇게 부르는 것이 싫지만 자꾸 그런 이야기를 듣다 보니 어느 날 영수는 "엄마, 나 진짜 코흘리개야?"라고 묻는다. 엄마가 영수에게 "콧물이 자꾸 나오는 건 감기 증상이야"라고 정확하게 설명해 주지 않는다면 영수도 스스로를 코흘리개라고 생각할 수 있다. 우울한 아동·청소년은 다른 사람들도 우울한 기분을 경험한다는 것을 알아야한다. 어른들도 우울한 기분을 느끼며 미국의 링컨 대통령과 영국의 처칠 수상은 우울증을 갖고 있었음에도 매우 훌륭한 업적을 쌓았다는 것을 강조한다. 그럼으로써 우울이 나에게만 있는 문제도 아니고 나의 일부가 아니라 증상일 뿐이라는 것을 알려준다.

활동 2 나에게 해당되는 것도 있을까?　　　　　　　　　워크북 8쪽

우울 증상 목록을 살펴보고 자신에게 해당되는 항목을 표시하는 활동을 통해 아동은 우울 증상을 알게 되고 상담자는 아동이 현재 경험하는 우울 증상을 확인할 수 있다. 아동이 자신의 우울 증상을 표시하는 것을 불편해 한다면, 링컨과 처칠은 어떤 우울 증

22

상을 갖고 있었는지 알려준다.

워크북 9쪽

활동 3 　우울한 채로 생활한다는 것은?

이 활동은 아동이 프로그램에 참여하려는 동기를 높이려는 목적을 갖고 있다. 우울이 아동의 생활에 어떤 지장을 초래하는지, 아동이 우울하지 않다면 무엇을 할 수 있는지에 대한 대화를 통해 미래에 대한 희망을 갖게 하는 것이 중요하다. 우울한 아동은 우울하지 않게 되었을 때라는 가정을 하기 어려울 수 있다. 이럴 때는 아동이 우울하기 전에는 무엇을 했는지 물어본다. 아동이 작년 겨울에는 우울하지 않았다면, "작년 겨울에는 즐겁게 했던 것이 무엇이 있니? 우울하지 않다면 올 겨울에는 ○○을 할 수 있을까?"라고 묻는다.

워크북 10쪽

활동 4 　우리는 무엇을 배우나?

아동에게 기분-생각-행동의 삼각형을 설명한다. 예를 들어 눈 오는 날 슬기는 "추워서 밖에도 못 나가겠네"라고 생각해서 침대에 계속 누워 있다. 운찬이는 "친구들과 눈싸움해야지"라고 생각해서 침대에서 일어난다.

아동에게 슬기와 운찬이의 기분이 어떨지를 묻는다. 아동이 슬기의 기분을 말하지 못하면 "슬기가 하루 종일 침대에 누워만 있고 재미있는 일을 하나도 하지 못한다면 기분이 어떨까?"라고 질문한다. 아동은 슬기의 기분은 우울할 것이라고 생각할 수 있다. 운찬이의 기분은 아동이 답하기 쉽다.

아동에게 슬기와 운찬이의 기분은 왜 다른지를 묻는다. 슬기는 부정적으로 생각하고 재미있는 활동을 하지 않아서 우울해진 것이다. 반면에 운찬이는 긍정적으로 생각하고 몸을 움직여서 에너지를 얻어 기분이 좋아진 것이다.

"우울한 슬기가 운찬이처럼 기분이 좋아지기 위해서는 무엇을 해야 할까?"라고 묻는다. 슬기는 부정적인 생각과 행동을 바꾸어야 한다. 아동에게 우울한 기분을 바꾸기 위해서 기분에 영향을 주는 부정적인 생각과 행동을 바꾸는 특별한 방법을 앞으로 배울 것이라고 말한다.

선택 활동: 보상

우울한 아동이 매 회기 프로그램에 참여하고 연습과제를 하는 것은 어려운 일이다. 아동이 프로그램에 참여해서 적절한 보상을 받는 것은 상담 동기를 높이는 데 도움이 된다. 프로그램의 대상자가 초등학생이고 부모의 협조가 가능하다면 보상제도를 사용할 것을 권장한다. 중학생이라면 상담 동기와 협조 정도에 따라 보상제도를 사용하지 않을 수도 있다.

보상제도를 사용한다면 다음과 같이 할 수 있다.

- 보상 목록을 미리 만든다. 워크북 부록 1의 내가 받고 싶은 보상 활동지를 참고한다. 보상은 아동이 원하는 것이어야 하며 아동이 들인 노력의 정도와 보상의 크기는 비슷해야 한다.
- 아동이 회기에 참여하면 도장 1개, 연습과제를 하면 도장 1개를 받는다. 도장을 스티커, 상담자 사인으로 대신할 수 있다. 상담자의 사인이나 도장을 모으는 즐거운 달력은 워크북의 부록 2에 있다.
- 도장을 4개 모으면 정해진 날짜에 아동에게 보상을 준다. 보상은 즉각 주어질 때 효과가 있다는 점을 기억하자.

(활동 5) 나와의 약속   워크북 12쪽

상담 장면에 맞게 아동과 상담자 또는 아동, 부모, 상담자가 계약서를 작성한다. 집단 상담에서는 집단 운영을 위해 집단에서 들은 이야기에 대한 비밀 유지, 욕을 하지 않

기, 다른 사람의 이야기를 방해하지 않기 등의 몇 가지 규칙이 필요할 수 있다. 워크북의 계약서는 집단 상담을 위한 규칙은 포함하고 있지 않으므로 필요하다면 집단 운영에 필요한 규칙을 만든다.

아동이 프로그램을 마치면 그동안의 참여와 노력에 대한 보상으로 특별한 가족행사를 가질것을 추천한다. 특별한 가족행사란 아동의 노력과 진전을 축하하는 자리이다. 부모가 아동의 상담에 참여하는 경우에는 상담 회기 중에 아동과 부모가 가족행사를 무엇으로 할지 함께 의논한다. 부모가 참여할 수 없다면 계약서 작성을 연습과제로 한다.

(연습과제) 우울을 이해하기 워크북 13쪽

이번 시간에 우울에 대해서 배운 내용을 묻는 ○, × 퀴즈를 풀어오는 것이 연습과제이다. 가족행사를 무엇으로 할지 부모와 상의하기 위해서 상담시간 중에 계약서를 완성하지 못 했다면, 계약서를 완성해 온다.

기분을 이해하기

우울한 아동은 자신의 기분을 잘 알아차리지 못하기도 한다. 우울할 때 신경질이나 짜증을 내기도 하고 피곤하다거나 몸의 통증을 호소하기도 한다. 우울조절기술을 사용하기 위해서는 아동 스스로가 우울하다는 것을 자각해야 한다. 우울하다는 것을 인식하느냐의 여부는 이 프로그램의 성패를 좌우한다고 해도 지나치지 않다.

목표

- 다양한 기분을 말로 표현하는 연습을 한다.
- 우울한 기분의 정도를 기분온도계를 사용해서 표현하는 법을 배운다.
- 우울할 때 자신의 모습, 생각, 행동, 몸의 느낌이 어떤지를 알아서 이를 단서로 우울한 기분을 알아채는 법을 익힌다.

지난 회기의 요약

지난 시간에는 우울에 대해서 배웠고 우울을 극복하기 위해서 앞으로 나의 행동과 생각을 바꾸고 문제를 해결하는 방법을 익히는 **나는 생각을 바꾸는 문제해결사**에 대해 배울 거라는 것을 알았다.

연습과제 점검

연습과제인 우울을 이해하기를 점검한다. 정답은 1(○), 2(○), 3(×), 4(○), 5(○)이다. 정답을 맞혔는지보다는 연습과제를 했는지의 여부가 중요하다. 연습과제를 했다면 칭찬을 한다. 퀴즈에서 틀린 것이 있다면 잘못 이해한 내용을 부드럽게 수정한다. 연습과제를 하지 못했다면 그 이유를 알아보는 것이 중요하다. 연습과제를 다루는 상담자의 태도는 이후 아동의 연습과제 수행에 영향을 준다. 연습과제를 잊어버렸다면 잊어버리지 않을 수 있는 방법을 찾는다. 워크북의 연습과제에 포스트잇을 붙여서 알아보기 쉽게 표시를 하는 것도 도움이 된다.

　　보상제도를 시행한다면, 워크북의 즐거운 달력(155쪽)에 사인을 한다. 프로그램의 참여를 통해 보상을 받는 것은 매우 중요하다. 연습과제를 하지 않았다면, 이번 시간의 내용을 다루기 전에 연습과제를 할 시간을 주고 즐거운 달력에 사인을 한다.

（활동 1）　기분을 표현하는 말　　　　　　　　워크북 16쪽

상담자가 "우리는 기분을 어떻게 표현하나요?"라는 질문으로 시작한다. 화가 나면 소리를 지르고 슬프면 울고 무서우면 숨고 신나면 환호한다. 소리 지르기, 울기, 숨기, 환호하기는 기분을 행동으로 표현한 것이다. 하지만 때로는 기분을 "화나", "슬퍼", "무서워", "우울해", "기뻐"와 같이 말로 표현하기도 한다. 이번 시간에는 기분을 표현하는 말을 배울 것이라고 소개한다. 활동지에 소개되어 있는 기분을 표현하는 말 외에 아동이 더 알고 있는 말이 있는지 물어본다.

28

기분을 어떻게 알 수 있는지 물어본다. 우리는 표정, 몸짓, 상황을 보고 기분을 알 수 있다고 설명한다. 아동은 이미 기분을 나타내는 말을 많이 알고 있으며 다른 사람의 기분을 알아내는 방법도 알고 있다는 것을 강조한다. 활동지의 기분을 나타내는 단어와 일치하는 그림을 선으로 연결한다.

활동 2 표정을 보고 기분을 알기

워크북 18쪽

얼굴은 기분을 나타내는 도화지라고 설명한다. 도화지에는 무엇이든지 그릴 수 있듯이 우리는 얼굴을 움직여서 다양한 기분을 표현할 수 있다. 표정을 잘 살피면 기분을 좀 더 정확히 알 수 있다고 설명한다.

워크북의 부록 3에는 기분을 나타내는 단어[2]가 수록되어 있다. 상담자와 아동은 부록 3의 기분단어를 선을 따라 자른다. 상담자와 아동은 순서를 정해서 활동 2의 표정이 표현하는 기분 단어를 찾아서 해당하는 얼굴 표정 위에 올려놓는다.

아동이 나이가 어리거나 상담시간에 긴장하거나 프로그램에 대한 흥미와 참여가 부족하다면, 가위바위보를 해서 진 사람이 기분 단어를 말하거나 단어를 맞히지 못하면 카드의 표정을 흉내 내는 규칙을 만들어 활동을 좀 더 활기차게 진행할 수 있다.

활동 1, 2는 언어로 기분을 표현하는 연습일 뿐만 아니라 상담의 긴장을 줄이는 데 도움이 되므로 아동이 기분을 인식하고 표현하는 데 어려움이 없어도 실시한다.

활동 3 기분온도계

워크북 19쪽

기분온도계의 사용법을 소개한다. 체온계의 열이 높으면 숫자가 올라가고 열이 떨어지

---

2   사회평론 홈페이지(www.sapyoung.com) 아카데미 자료실에서 다운로드 받을 수 있습니다.

면 숫자가 낮아지는 것처럼 기분을 0점부터 10점까지 점수로 표현할 수 있다고 소개한다. 기분을 점수로 표현하는 것은 우리가 기분이 얼마나 좋은지 또는 나쁜지를 알게 해준다.

아동이 기분온도계의 개념을 잘 이해할 수 있도록 몇 가지 예를 사용해서 기분을 점수로 표현하는 연습을 한다. 예를 들어 아동이 오늘 축구경기에서 한 골을 넣어 팀이 이겼다면 그 때의 기분은 10점일 것이다. 좋아하는 친구와 함께 놀 때, 실망스런 성적을 받았을 때 등 다양한 상황을 제시한다. 아동이 양극단의 점수만이 아니라 전체 점수를 다 사용해서 자신의 기분을 평가할 수 있도록 연습한다.

현재 아동이 느끼는 기분이 몇 점인지 그 이유는 무엇인지 질문한다.

활동 4 좋은 기분과 나쁜 기분

워크북 20쪽

상담자가 "기분에 따라서 얼굴 표정이 달라지듯이 기분에 따라서 달라지는 것이 또 무엇이 있니?"라고 묻는다. 기분에 따라 우리의 행동, 보이는 모습, 생각, 몸의 느낌도 달라진다고 알려준다.

아동은 '모습'이 무엇을 의미하는지 잘 모를 수 있다. 모습이란 옷차림, 표정, 자세, 눈 맞춤 등을 통해서 겉으로 보여지는 것이라고 알려준다. 모습에 대해 좀 더 이해가 필요하다면, 상담자가 아동이 보이는 모습을 알려준다. 예를 들어 "오늘 ○○이는 의자에 비스듬히 앉아 있고 표정이 지쳐 보이는구나"라고 말해 줄 수 있다. 그 다음에는 아동에게 상담자가 보이는 모습을 말해 달라고 한다.

슬기의 이야기를 활용해서 기분에 따라 행동, 보이는 모습, 생각, 몸의 느낌이 어떻게 다른지 찾아본다.

	좋은 기분	나쁜 기분
행동	운찬이에게 인사를 한다. 친구와 문방구에 간다. 친구와 수다를 떤다. 엄마에게 인사를 한다. 씻는다. 옷을 갈아입는다. 간식을 먹는다.	운찬이를 외면한다. 엄마에게 인사를 하지 않는다. 씻지 않는다. 침대에 눕는다. 간식을 먹지 않는다.
모습	활기찬 목소리, 웃는 얼굴	풀죽은 목소리, 엄마와 눈을 맞추지 않음
생각	역시 운찬이는 내 오랜 친구야.	나를 초대하지 않다니, 운찬이가 그럴 줄은 몰랐어. 운찬이는 이제 내 친구도 아니야.
몸의 느낌	의욕이 넘침, 기운이 있음, 식욕이 있음	힘이 빠짐, 기운이 없음, 식욕이 없음

활동 5 기분에 따라 다른 나 워크북 22쪽

상담자가 아동에게 기분이 좋았을 때와 나빴을 때를 말해 보라고 한다. 기분이 나쁜 예로는 우울했을 때를 말할 수 있게 도와준다. 아동이 자신의 경험을 말하면 솔직하게 말한 것을 칭찬해 준다. 아동과 기분에 따른 행동, 모습, 생각, 몸의 느낌의 차이에 대해서 이야기한다. 기분에 따른 아동의 행동, 모습, 생각, 몸의 느낌이 어떠했는지를 구체적으로 기록한다.

상담자는 아동이 자신이 보여주는 모습, 혼잣말이나 생각, 행동, 몸의 느낌을 단서로 우울한 기분을 인식할 수 있게 적절한 피드백을 준다. 예를 들어 아동이 주로 몸의 느낌으로 우울을 경험한다면, "○○는 배가 아프거나 몸에 힘이 없을 때 기분이 우울한 거구나"라고 피드백을 준다. 우울할 때 주로 신경질을 낸다면, "○○이가 신경질을 낼 때는 우울한 것일 수도 있겠구나"라고 피드백을 준다.

매일 자신의 기분을 관찰해서 기록하는 기분 일기는 아동의 감정 인식 능력을 향상시킨다. 아동은 일주일 동안 매일 기분을 관찰해서 기분온도계의 점수와 기분에 영향을 준 사건을 기록한다. 기분은 순간순간 바뀔 수 있지만 하루 동안의 평균적인 기분을 기록하라고 말한다. 아동이 기분 일기를 자세히 쓰기 원한다면 그 날의 평균적인 기분, 가장 좋았던 기분, 가장 나빴던 기분을 모두 기록해도 된다.

　　이성 친구와 헤어졌거나 선생님에게 혼났거나 벌점을 받은 일과 같이 민감한 사건은 기록하고 싶지 않을 수 있다. 사생활을 보호할 필요가 있다면 아동 자신만 알 수 있게 기록하는 방법을 의논한다. 매일 기분을 기록하는 것은 쉽지 않다는 것을 강조한다. 잊지 않고 기분을 매일 기록하기 위한 방법을 의논한다. 워크북을 어디에 두고 기분을 기록할지, 언제 기록할지를 정하는 것이 도움이 된다. 스마트폰이 있다면, 카톡의 나와의 채팅, 캘린더, 플래너, 메모 등에 기분점수를 기록할 수도 있다. 연습과제를 하는 데 어려움이 있을지 예상해 보고 문제가 있다면 문제를 해결한다.

즐거운 나

원치 않는 상황이지만 그 상황을 바꿀 수 없어 우울할 때, 우울해하기보다는 즐겁고 기분을 전환하는 활동을 하면 기분이 나아진다. 아동이 첫 번째로 배울 행동조절기술은 '우울할 때는 즐거운 일을 하라'이다. 맛있는 케이크 먹기, 노래하기, 춤추기, 친구와 수다 떨기, 그림 그리기는 활동 그 자체에 즐거움이 내재되어 있다. 우울증이란 즐거움이 상실된 또는 줄어든 상태라는 것을 고려할 때, 스스로 즐거운 활동을 찾아 하는 것은 기분을 향상시키고 자기 통제감을 발달시키는 데 도움이 된다.

목표

- 일상생활에서 손쉽게 할 수 있는 즐거운 활동을 찾는다.
- 즐거운 활동하기를 실생활에 적용해서 기분이 좀 더 나아지는 변화를 경험한다.
- 즐거운 활동의 증가가 긍정적인 감정으로 이어진다는 것을 배운다.

기분온도계

한 주 동안의 기분을 기분온도계에 기록한다. 기분이 아주 좋았던 날이나 아주 나빴던 날을 포함하여 한 주 동안의 평균적인 기분을 표시하면 된다고 설명한다. 지난 시간과 이번 시간의 기분온도계 점수에 차이가 있는지를 점검한다. 지난 시간에 비해 기분온도계 점수가 높아졌다면 어떤 활동이나 무엇 때문인지를 확인한다. 기분온도계의 점수 차이가 없거나 더 낮아졌다면 그 이유를 알아본다.

지난 회기의 요약

지난 시간에는 기분을 표현하는 말과 기분이 좋고 나쁜 정도를 기분온도계의 숫자로 표현하는 법을 배웠다. 우울하거나 기분이 좋을 때 내 모습, 생각, 행동, 몸의 느낌이 어떤지도 알았다.

연습과제 점검

지난 주 연습과제인 **기분 일기**를 검토한다. 매일매일의 기분이 어떻게 달랐는지를 아동과 함께 살펴본다. 기분이 좋아지거나 나빠지는 데 영향을 준 사건에 대해서도 이야기를 나눈다. 기분 일기를 매일 적는 것이 쉽지 않다는 점을 강조하면서 아동의 노력을 칭찬한다. 보상제도를 시행한다면 즐거운 달력에 사인을 한다. 기분 일기를 작성하지 않았다면 이번 주의 연습과제로 기분 일기를 적는 것에 대해서 아동과 논의한다. 다음 주에 기분 일기를 작성해 오면 즐거운 달력에 사인을 받을 수 있다고 알려준다.

즐거운 날

아동에게 가족 여행, 설날, 아동의 생일, 크리스마스 가운데 하나를 선택하라고 한다. 천칭 저울의 한쪽에는 아동이 선택한 날을, 저울의 다른 쪽에는 어제나 오늘 같은 평범한 날을 올려놓으라고 한다. 기분온도계를 사용해서 두 날의 기분의 무게를 잰다. 예를 들어 아동이 자신의 생일을 선택했다면 생일날의 기분과 어제 기분의 무게를 잰다. 아동에게 생일날 무엇을 했는지를 묻는다. 어제는 무엇을 했는지도 묻는다. 가족 여행, 설날, 생일, 크리스마스와 같이 특별한 날에 기분이 더 좋은 이유를 묻는다. 특별한 날 기분이 더 좋은 것은 즐거운 일이 더 많았기 때문이다.

활동 3   즐거운 활동을 찾아라 워크북 28쪽

즐거운 활동을 생각해 보라고 하면 십대들은 흔히 놀이공원 가기, 여행 가기, 게임하기 등을 말한다. 이러한 활동들이 큰 즐거움을 주는 것은 사실이지만 자주 하기 어려우며 부모님의 허락과 협조가 필요하다. 즐거운 활동을 선택할 때, 아동과 상담자는 보다 현실적이 되어야 한다. 즐거운 활동을 선택할 때는 아동 스스로가 느끼는 기분이 중요하며 기분 점수가 약간만 높아지는 활동도 하지 않는 것보다는 낫다는 것을 강조한다.

일부 우울한 아동들은 즐거운 활동으로 게임하기, 학원 안 가기, 숙제 안 하기, 잠자기 등을 말한다. 이러한 활동은 해결하지 못하고 있는 갈등이나 문제에 대한 회피적 대처이거나 부모와의 갈등을 심화시켜 오히려 우울에 부정적 영향을 줄 수 있기 때문에 즐거운 활동에 포함할지에 대해 신중해야 한다.

즐거운 활동을 탐색할 때, 상담자와 아동은 다음 사항을 고려한다.

- **여러분이 좋아하거나 재미있어 하는 활동은 무엇입니까?** 우울한 아동들은 우울하기 전에는 즐기던 활동을 우울해지면 하지 않는 경향이 있다. 또는 자신이 즐기던 활동(예를 들어 야구하기)을 다양한 이유(예를 들어 중학교 진학, 새로운 학원의 등록, 이사 등)로 하지 못하게 되어 의기소침해지기도 한다. 아동이 우울하기 전에 즐겼던 활동이 있다면 그 활동을 다시 시작하자. 현실적인 이유로 그 활동을 할 수 없다면 대체할 수 있는 활동을 찾아서 즐거운 활동 목록에 추가한다. 예를 들어 전학

간 학교에는 야구팀이 없어서 야구를 할 수 없다면 새로 사귄 친구나 가족과 캐치볼을 할 수 있다. 단 아동이 나이가 들면서 자연스럽게 흥미를 잃는 활동(예를 들어 인형놀이, 딱지치기 등)이 생긴다는 점도 고려한다.

- **혼자서 아무 때나 쉽게 할 수 있는 즐거운 활동은 무엇입니까?** 손쉽게 할 수 있는 활동을 찾는 것이 중요하다. 캠핑을 가려면 부모가 시간을 낼 수 있어야 하고 준비물도 많이 필요하다. 산책하기는 혼자서도 할 수 있고 준비물도 필요 없는 손쉬운 활동이다. 눈사람 만들기는 눈이 올 때만 할 수 있지만 노래 듣기는 계절이나 날씨에 상관없이 아무 때나 할 수 있다.

- **어른의 허락 없이도 할 수 있는 즐거운 활동은 무엇입니까?** 부모님이나 보호자와 갈등을 빚지 않을 수 있는 활동을 선택한다. 친구를 집으로 초대하는 것을 환영하는 부모도 있지만 원치 않는 부모도 있다. 십대들은 친구 집에서 자기, 화장, SNS, 온라인 게임, 게임 TV나 유튜브 보기 등을 좋아하지만 이 활동들은 십대와 부모 사이에 갈등을 낳기도 한다. 가정의 상황을 고려해서 즐거운 활동을 선택하는 것이 중요하다.

- **여러분을 바쁘게 하는 활동은 무엇입니까?** 무기력에 빠져 아무 것도 하지 않는 아동에게 특히 중요하다. 컵 스카우트, 스포츠클럽, 방과 후 교실, 집안일 등은 아동을 바쁘게 만들어 준다.

- **좋아하는 사람과 함께하고 싶은 활동은 무엇입니까?** 우울한 아동은 사회적으로 위축되는 경향이 있어 다른 사람들과 함께 있기보다는 혼자 있으려고 한다. 혼자 있는 행동은 사회적 강화를 받을 수 있는 기회를 감소시켜 아동을 더욱 우울하게 할수 있다. 좋아하는 사람과 뭔가를 함께하는 것은 아동의 사회적 행동을 활성화시키고 사회적 강화를 증가시키는 데 도움이 된다. 아동이 누구와 무엇을 함께하고 싶은지 찾아본다.

- **누군가를 도와주는 일도 기분을 좋게 합니다. 무엇을 도와줄까요?** 다른 사람을 도와주는 것은 우리의 기분을 좋게 만든다. 애완동물 돌보기, 동생과 놀아주기, 부모님 심부름하기는 아동이 자주 선택하는 도와주는 활동이다.

아동용 워크북 활동 3의 질문들은 아동이 즐거운 활동의 아이디어를 좀 더 떠올리기 쉽게 도와주려는 목적을 갖고 있다. 가능하다면 활동 3의 모든 질문에 답하는 것이 좋다. 활동 3의 질문에 일부 답을 했지만 아동이 즐거운 활동을 쉽게 생각하지 못한다면 활동 4로 넘어간다.

활동 4 100가지 즐거운 활동

워크북 29쪽

이 활동은 활동 3에서 아동이 선택한 즐거운 활동을 확장할 수 있도록 도와준다. 활동 4는 아동이 즐거움을 느낄 수 있는 활동 99가지를 소개한다. 즐거운 활동 목록을 보면서 자신에게 적용할 수 있는 활동을 선택한다. 이 활동은 쉽고 단순하지만 즐거운 활동 목록을 확장하는 데 도움이 된다.

즐거운 활동 목록을 확장할 수 있는 또 다른 방법은 목록에 있는 활동들을 약간 수정해서 아동 자신의 활동으로 만드는 것이다. 예를 들어, 목욕하기를 목욕탕·사우나·찜질방 가기로, 아기 때 사진 보기를 부모님의 아기 때 사진 보기 또는 친구들과 아기 때 사진 공유해서 함께 보기로 바꿀 수 있다.

활동 5 즐거운 일을 해요

워크북 31쪽

이 활동은 즐거운 일을 하면 기분이 좋아질 수 있다는 것을 상담시간 중에 직접 행동실험으로 경험해 보는 것이다. 우울한 아동들은 즐거운 활동을 해도 기분이 좋아지지 않을 것이라고 기대할 수 있다. 상담시간 중의 행동실험은 행동과 기분의 관계를 직접 확인해 볼 수 있는 기회를 제공하며 아동과 상담자의 관계를 긍정적으로 만들고 상담실 밖에서도 즐거운 활동을 해보려는 동기를 높이는 데 도움이 된다.

상담자는 아동에게 현재의 기분을 기분온도계에 표시하라고 한다. 그리고 즐거운 활동을 함께하자고 제안한다. 아동과 상담자가 상담시간에 함께할 수 있는 즐거운 활동을 찾는다. 상담시간에 손쉽게 할 수 있는 즐거운 활동은 의외로 많다. 상담자와 아동 모두 즐거운 활동을 찾기 어렵다면 활동 3, 4와 아래의 내용을 참고한다.

상담시간에 할 수 있는 즐거운 활동의 예:

그림 그리기	끝말잇기	수수께끼 풀기
딱지치기	공기놀이	보드게임
스무고개	휴지통에 종이공을 골인시키기	묵찌빠

아동과 상담자가 즐거운 활동을 함께한 후 기분온도계에 현재의 기분을 표시한다. 즐거운 활동을 하기 전과 후의 기분을 비교한다. 상담자와 함께한 즐거운 활동이 기분에 미친 영향에 대해 이야기를 나눈다. 기분과 활동의 관계를 간단히 언급한다.

활동 6 즐거운 나의 활동
워크북 32쪽

활동 3과 4를 통해서 수집한 즐거운 활동 목록을 정리한다. 즐거운 나의 활동은 연습과제에서 사용할 것이기 때문에 중요하다.

연습과제 즐거운 나의 기록
워크북 33쪽

매일 즐거운 활동을 하고 즐거운 활동을 한 개수와 그날의 기분을 기록하는 것이 연습과제이다. 연습과제의 목적은 아동이 일상생활에서 즐거운 활동하기를 실천해서 기분의 변화를 경험하고 즐거운 활동과 기분이 서로 관련되어 있다는 것을 배우는 것이다.

즐거운 나의 기록은 다음 회기에 진행할 활동 2를 위한 중요한 자료가 되기 때문에 꼭 매일 기록해야 한다. 아동이 기록하는 것을 잊지 않게 또는 기록을 좀 더 쉽게 할 수 있도록 기분 일기에서 사용했던 방법인 스마트폰을 이용해서 기록할 수도 있다. 매일 빠짐없이 기록할 수 있는 가장 좋은 방법을 아동과 의논한다.

그 외 연습과제를 할 때, 흔히 부딪히는 문제와 가능한 해결책은 다음과 같다.

✓ **문제** 즐거운 활동을 할 시간이 없다.

해결책 학교 시험과 즐거운 활동하기 연습과제의 일정이 겹치는 경우, 즐거운 활동을 할 시간이 부족하다는 의견은 어느 정도는 현실적이다. 그러나 즐거운 활동은 시험으로 인한 스트레스를 조절하는 데 도움이 된다. 아동에게 즐거운 활동은 시험 공부에 오히려 도움이 될 수 있다는 점을 설명하고 시간이 많이 걸리지 않는 즐거운 활동을 찾아 해보는 계획을 세운다. 또 다른 방법은 간단한 즐거운 활동을 하는 데 걸리는 시간을 계산한 후에, 그 정도 시간도 내는 것이 불가능한지를 토론한다.

✓ **문제** 즐거운 활동을 해도 기분이 달라지지 않을 것 같다.

해결책 무기력하거나 부정적인 사고가 강한 아동들은 즐거운 활동이 기분 변화를 가져올 것이라는 점을 믿기 힘들 수 있다. 아동의 생각을 반박하거나 설득하기보다는 즐거운 활동을 해도 기분이 달라지지 않을 것이라는 생각을 실험으로 검토해 보자고 제안한다. 아동이 동의한다면, 우선 아동이 매일 할 수 있는 즐거운 활동의 최소 개수를 확인한다. 즐거운 활동의 최소 개수가 3개라면 매일 즐거운 활동을 3가지 하고 기분을 기록하는 것이 연습과제이다. 아동들은 이와 같은 행동실험을 통해서 즐거운 활동이 기분에 영향을 준다는 것을 알게 된다.

더 즐거운 나

한 주 동안의 즐거운 활동이 아동의 기분을 끌어올리는 데 도움이 되지만 충분치는 않다고 느꼈을 것이다. 이번 시간에는 지난 회기에 작업했던 즐거운 활동하기를 한 번 더 반복한다. 단 아동이 즐거운 활동을 더 많이 할 수 있도록 매일 몇 개의 즐거운 활동을 할지 정한다. 즐거운 활동의 목표를 정하는 것은 아동 스스로가 기분을 조절할 수 있다는 자기 통제감을 증진시키기 때문에 중요하다.

목표

- 실행 가능한 즐거운 활동의 목록을 확장한다.
- 즐거운 활동이 일상생활의 한 부분으로 자리 잡을 수 있게 한다.
- 즐거운 활동의 증가가 긍정적인 감정으로 이어진다는 생각을 공고히 한다.

기분온도계

한 주 동안의 기분을 기분온도계에 기록한다. 기분이 아주 좋았던 날이나 아주 나빴던 날을 포함하여 한 주 동안의 평균적인 기분을 표시하면 된다. 지난 시간과 이번 시간의 기분온도계 점수가 차이가 있는지를 점검한다. 지난 시간에 비해 기분온도계 점수가 높아졌다면 어떤 활동이나 무엇 때문인지를 확인한다. 기분온도계의 점수 차이가 없거나 더 낮아졌다면 그 이유를 알아본다.

지난 회기의 요약

지난 시간에는 즐거운 활동 목록을 만들었다. 즐거운 활동을 하면 기분이 나아진다는 것을 알았고 즐거운 활동 계획을 세웠다.

연습과제 점검

지난 회기의 연습과제인 **즐거운 나의 기록**을 점검한다. 즐거운 나의 기록을 매일 적는 것이 쉽지 않은데 아동이 노력한 점을 칭찬한다. 즐거운 나의 기록에 빈칸이 있다면 그 날 무엇을 했는지 생각해 보자고 한다. 아동이 기억할 수 있다면 그날 즐거운 활동을 몇 개 했는지, 기분 점수는 몇 점인지 적는다. 기억이 정확하지 않다면 빈칸으로 남겨 둔다. 아동이 연습과제를 했고 보상제도를 시행한다면 즐거운 달력에 사인을 한다.

즐거운 나의 그래프

즐거운 나의 그래프는 즐거운 활동과 기분 사이의 관계, 즉 즐거운 활동을 많이 하면 기분이 좋아진다는 것을 시각적으로 잘 보여준다. 아동에게 운찬이의 즐거운 그래프를 보고 발견한 점이 있는지 질문한다. 즐거운 활동과 기분 사이의 관계를 말하지 못한다면, 운찬이가 어떤 날 기분 점수가 높았고 어떤 날 기분 점수가 낮았는지를 묻는다. 아동들은 즐거운 활동의 개수가 많은 날은 기분이 좋았고 즐거운 활동의 개수가 적은 날은 기분이 좋지 않았다는 것을 쉽게 이해한다.

운찬이의 즐거운 그래프처럼 아동도 즐거운 그래프를 그려보자고 제안한다. 지난 회기의 연습과제인 즐거운 나의 기록을 펼치고 즐거운 활동 개수를 요일별로 연결해서 꺾은선 그래프를 그린다. 기분 점수도 선으로 연결해서 꺾은선 그래프를 그린다. 아동이 완성한 그래프를 보면서, 아동도 즐거운 활동을 많이 할수록 기분 점수가 높아졌는지 살펴본다. 즐거운 활동을 많이 할수록 기분도 좋았다면 기분이 좋아지기 위해서는 즐거운 활동을 많이 해야 한다는 것을 다시 한 번 강조한다.

즐거운 활동과 기분 점수 간의 관계를 검토할 때, 일어날 수 있는 문제, 원인, 해결책은 다음과 같다.

✓ 즐거운 활동은 적게 했는데 기분 점수는 매우 높다.

원인 1 사실은 여러 개의 즐거운 활동을 포함하는 활동인데, 한 개로만 계산한 경우이다. 놀이공원에 놀러간 것을 즐거운 활동 한 개로 계산하는 것이 대표적인 예이다. 놀이공원에 놀러 가서 ①아이스크림을 먹고 ②바이킹을 타고 ③기념품을 사고 ④범퍼카를 타고 ⑤돈가스를 먹었다면 즐거운 활동을 다섯 개로 적어야 한다. 아동들은 캠핑, 여행, 친구와 놀기를 즐거운 활동 한 개씩으로 계산하곤 한다.

해결책 아동에게 그날 한 즐거운 활동을 좀 더 자세히 말해달라고 한다. 아동이 기록한 것보다 즐거운 활동의 수가 더 많다면 즐거운 활동 그래프를 수정한다.

원인 2 즐거움의 강도가 크다면 활동수가 적어도 기분 점수가 높을 수 있다.

해결책 기분온도계를 사용해서 그날 한 활동의 즐거움의 정도를 묻는다. 이 작업을 통해 아동은 큰 즐거움을 주는 활동이 무엇인지를 알 수 있다.

✓ 즐거운 활동은 많이 했는데 기분 점수는 매우 낮다.

원인 즐거운 활동이 많았지만 즐거운 기분을 깎아내리는 기분 나쁜 일이 있었을 수 있다.

해결책 아동과 그날 있었던 즐거운 일, 기분 나쁜 일에 대해서 이야기를 나눈다. 기분 나쁜 일이 있었던 날 즐거운 활동도 하지 않았다면 기분이 몇 점이었을지 이야기한다. 즐거운 활동이 기분이 더 나빠지는 것을 막은 효과가 있었는지 살펴볼 수 있다. 만일 그날 기분 나쁜 일이 없었다면, 기분이 몇 점일지 기록하고 기분 점수 그래프를 다시 그린다. 즐거운 활동 개수와 기분 사이의 관계를 재검토한다.

활동 3 즐거운 나의 목표

워크북 38쪽

지난 회기가 '일단 한번 즐거운 활동을 해보자'였다면 이번 회기는 '즐거운 활동을 이만큼 해보자'라고 목표를 정하는 것이다. 좌절 경험이 많은 아동들이나 일부 상담자들은 즐거운 활동까지 목표를 정해야 하나라고 탐탁지 않게 생각할 수 있다. 즐거운 활동의 목표를 정하는 것은 즐거운 활동을 더 많이 해서 기분이 나아지게 하려는 목적이 있지만 우울한 아동에게 자기 통제감을 부여하려는 목적도 있다. 매일 매일 지켜야 할 목표가 있는 것은 아동에게 오히려 동기 부여가 될 수 있으며 스스로 정한 목표를 성취하는 것은 자기 통제감을 발달시키는 데 도움이 된다.

즐거운 활동의 목표를 정할 때, 아동의 생활을 고려해서 현실적이고 실천 가능하게 정한다. 이 활동을 통해 목표를 현실적으로 정하는 방법을 배울 수 있다는 것도 명심하자. 우울한 아동이 매일 즐거운 활동을 하는 것은 쉽지 않다. 지난주보다 즐거운 활동을 하나 더 하는 것은 현실적인 목표가 될 수 있다. 아동이 지난주에 즐거운 활동을 얼마나 했는지는 지난 회기의 연습과제인 **즐거운 나의 기록**에서 알 수 있다.

즐거운 나의 목표는 다음과 같이 정한다.

① 지난 회기의 연습과제를 **즐거운 나의 기록**에 옮겨 적는다.

② 극단치는 평균을 왜곡하므로 계산에서 제외한다. 극단치란 아동의 일상을 대표하지 못하는 즐거운 활동 수를 말한다. 예를 들어 일주일 중에 아동의 생일, 어린이날, 가족 여행 등이 있어서 그날 평소와는 달리 즐거운 활동이 많았다면 그

날의 즐거운 활동 수는 극단치이다. 아동이 아프거나 시험공부 때문에 평소와 달리 즐거운 활동이 너무 적었다면 그날의 즐거운 활동 수도 극단치이다.

③ 극단치를 제외하고 즐거운 활동을 한 날을 더해서 즐거운 활동을 한 날 칸에 적는다.

④ 극단치를 제외하고 즐거운 활동의 수를 모두 더해서 즐거운 활동의 합 칸에 적는다.

⑤ 즐거운 활동의 합을 즐거운 활동을 한 날로 나눈 후에 1을 더한다.

⑥ 즐거운 목표 칸에 즐거운 활동의 목표 개수를 적는다.

운찬이의 즐거운 기록

날짜	요일	즐거운 활동의 수
3일	화	3
4일	수	4
5일	목	0 (극단치)
6일	금	3
7일	토	5
8일	일	7 (극단치)
9일	월	2

즐거운 활동을 한 날 = 5일	즐거운 활동의 합 = 17개

계산공식

$$\left(\frac{\text{즐거운 활동의 합}}{\text{즐거운 활동을 한 날}} \right) + 1$$

즐거운 목표
매일 즐거운 활동을 4개 이상 한다.

활동 4 더 즐거운 나의 활동

워크북 39쪽

아동은 지난 한 주 동안의 즐거운 활동 경험을 통해 자신에게 즐거움을 가져다주는 활동이 무엇인지 더 잘 알게 되었을 것이다. 그리고 무엇을 하면 즐거울지도 더 잘 예측할 수 있게 되었을 것이다. 활동 4의 목표는 지난 회기에 작성한 **즐거운 나의 활동** 목록을 확장하는 것이다. 지난 회기에 아동이 작성한 **즐거운 나의 활동**을 함께 보면서 즐거운 활동을 늘리기 위한 의견을 교환한다. 아래에 제시한 질문 목록을 참고한다.

- 목록에 있는 즐거운 활동 중에서 무엇을 해보았는지 묻는다. 한 번 해보았고 즐거

움을 경험했다면 더 즐거운 활동 목록에 포함한다.

- 목록에 있는 활동 중에서 하지 못한 활동이 있다면 그 이유를 묻는다. 즐거운 활동을 선택할 때 고려해야 할 새로운 내용을 알게 된다.

- 아동이 한 활동들이 얼마나 즐거웠는지 묻는다. 즐거움의 정도를 말할 때, 기분온도계를 사용하라고 알려준다.

- 아동이 한 즐거운 활동에 대해 좀 더 자세히 묻는다. 예를 들어 산책을 했다면 산책이 어떠했는지 물어본다. 즐거운 활동을 구체적으로 이야기하는 과정에서 자신이 즐거워하는 것이 무엇인지 좀 더 분명해진다.

- 즐거운 활동을 약간 바꾸어 볼 수 있을지 묻는다. 예를 들어 아동이 혼자 공원에서 자전거를 탔다면 누구와 같이 자전거를 탈 수 있을지, 공원 외에 다른 곳 어디에서 자전거를 탈 수 있을지 의논한다.

- 한 가지 즐거운 활동을 다른 즐거운 활동과 연결해서 할 수 있을지 묻는다. 예를 들어 자전거 타기를 좋아한다면 자전거를 타기 전이나 후에 어떤 즐거운 활동을 할 수 있을지 묻는다. 다음 예를 참고한다.

  예: 자전거를 타고, 자전거 타는 모습을 찍어서 SNS에 올린다.

  　자전거를 타고 나서, 시원한 음료수를 사먹는다.

  　자전거를 타고, 친구 집에 가서 친구와 함께 논다.

활동 5) 즐거운 활동을 더 많이 해요　　　워크북 40쪽

지난 회기와 마찬가지로 상담시간에 즐거운 활동을 한다. 지난 회기에 했던 활동을 반복할 수도 있고 새로운 즐거운 활동을 할 수도 있다. 이번 시간에는 아동 스스로가 어떤 즐거운 활동을 할지 아이디어를 내보도록 격려한다. 즐거운 활동을 하기 전후로 기분온도계에 기분을 기록한다. 시간의 여유가 있다면 즐거운 활동을 연결해서 두 개 정도 해본다.

이번 주 연습과제는 목표로 정한 개수만큼 매일 즐거운 활동을 하는 것이다. 즐거운 활동을 지속하는 것이 중요하다는 것을 아동에게 그리고 필요하다면 부모에게 강조한다. 지난주보다 이번 주는 기분이 더 나아질 것이라고 희망적인 기대를 갖게 한다.

편안한 나

원치 않는 상황이지만 그 상황을 바꿀 수 없을 때, 우울해하기보다는 기분을 진정시키고 편안해지는 활동을 하는 것이 더 낫다. 우울한 십대들이 두 번째로 배울 행동조절기술은 '우울할 때는 기분을 진정시켜 편안하게 만드는 활동을 하라'이다. 우울한 아동들은 긴장감이 높고 스스로를 위로하는 능력이 부족하며 걱정이 많아 새롭거나 잠재적으로 도전적인 상황을 회피하려 든다. 이완은 직접적으로 뇌의 카테콜라민과 아민의 활동에 영향을 주어 우울증 개선에 도움을 준다(Reynolds & Coats, 1986). 또한 이완은 화, 과민성, 스트레스를 감소시키고 숙련감을 증대시킨다.

목표
*   천천히 숨쉬기, 긴장이완, 상상이완[3]하는 방법을 배우고 이완을 통해 우울한 기분을 조절할 수 있다는 것을 경험한다.

3　아동이 쉽게 이해할 수 있도록 심상이완 대신 상상이완이라는 용어를 사용함.

기분온도계

한 주 동안의 기분을 기분온도계에 기록한다. 기분이 아주 좋았던 날이나 아주 나빴던 날을 포함하여 한 주 동안의 평균적인 기분을 표시한다. 지난 시간과 이번 시간의 기분온도계 점수가 차이가 있는지를 점검한다. 지난 시간에 비해 기분온도계 점수가 높아졌다면 어떤 활동이나 무엇 때문인지를 확인한다. 기분온도계의 점수 차이가 없거나 더 낮아졌다면 그 이유를 알아본다.

지난 회기의 요약

지난 시간에는 즐거운 활동을 더 많이 하기 위한 목표를 정하는 법과 즐거운 활동을 더 찾는 방법을 배웠다.

연습과제 점검

지난주 연습과제인 **더 즐거운 나**의 기록을 점검한다. 아동이 즐거운 활동의 목표를 이루었는지 확인한다. 즐거운 활동을 통해 기분이 변화했는지도 살펴본다. 아동이 과제를 했다면 노력을 칭찬해 준다. 보상제도를 시행한다면 즐거운 달력에 사인을 한다. 과제를 하지 못했다면 과제를 하기 위한 계획을 다시 세운다.

스트레스와 나의 몸

아동이 최근에 가장 스트레스를 받았던 사건에 대해 질문한다. 스트레스를 받았을 때, 몸에 어떤 느낌이 들었는지 물어본다. 당시의 몸의 느낌을 잘 설명하지 못한다면, 무서운 영화를 볼 때나 큰 잘못을 해서 혼나기 직전일 때 몸에서 어떤 느낌이 들었는지를 다시 질문한다. 목이 뻣뻣해지거나 어깨가 단단하게 뭉친 느낌이 들거나 팔과 다리에 힘이 들어가기도 한다고 알려준다. 스트레스 받았던 일을 떠올려 보고 이때의 기분은 기분온도계에, 몸의 느낌은 신체 그림에 표시하거나 기록한다. 우울 증상으로 복통, 두통 같은 신체증상을 보인다면 신체 증상을 묻는 것도 도움이 된다.

활동 3   이완이란?

워크북 46쪽

준비물: 이완연습 녹음 파일[4]

긴장과 이완의 개념을 풍선에 비유해서 설명한다. 풍선에 바람이 빵빵하게 들어 있는 상태를 긴장이라 한다. 부풀었던 풍선의 바람이 빠져 늘어진 상태를 이완이라고 한다. 풍선이 터질 것 같을 때는 어떻게 해야 하는지 질문한다. 풍선이 터지지 않기 위해서는 바람을 조금 빼야 하듯이 스트레스로 터질 것 같은 기분이라면 이완을 해서 몸의 긴장을 줄여야 한다고 설명한다.

우리 몸을 이완시키는 방법에는 천천히 숨쉬기, 긴장이완, 상상이완이 있다. 이완연습을 하기 전에 상담자가 알아야 할 몇 가지 지침이 있다.

- 조용하고 편안하며 방해받지 않는 공간에서 이완연습을 한다.
- 누워서 할 수도 있지만 다리와 발의 근육을 긴장시키기 위해서는 편안한 의자에 앉아서 연습할 것을 권한다.
- 깨어 있는 상태에서 이완을 경험하는 것이 중요하므로 녹음 파일을 들으면서 잠을 자는 것은 이완을 연습하는 것이 아니다. 이완연습을 마치고 나서 잠자리에 드는 것은 괜찮지만 이완연습은 깨어 있는 상태에서 해야 한다.
- 아동이 한 번의 이완연습으로 원하는 효과를 경험할 것이라고 기대하지 말자. 이완 효과를 경험하기 위해서는 꾸준하고 지속적인 연습이 필요하다.

---

4   이완연습 녹음 파일은 사회평론 홈페이지(www.sapyoung.com)의 아카데미 자료실에서 다운로드를 받아 시동하실 수 있습니다.

천천히 숨쉬기 워크북 47쪽

스트레스를 받을 때 숨이 짧아지고 얕아지는데 이것은 오히려 스트레스를 더 심하게 한다. 배 속에서부터 천천히 숨을 들이쉬고 내쉬는 과정은 기분을 진정시키고 편안해지는 데 도움이 된다. 아동에게 **천천히 숨쉬기**를 설명한 뒤 상담자가 시범을 보이고 아동은 따라한다. 아동이 천천히 숨을 쉬는 방법을 이해했다면 다음 절차를 따라 아동과 상담자가 함께 천천히 숨쉬기를 연습한다.

천천히 숨쉬기 절차

① 매우 힘들었던 상황을 최대한 생생하게 상상해서 부정적인 감정을 유발한다.

② 의자에 편안하게 앉아 발을 바닥에 놓고 팔은 옆에 놓는다. 눈을 감거나 바닥이나 벽의 한곳에 시선을 고정한다.

③ 이완연습 녹음 파일의 지시에 따라 천천히 숨쉬기를 한다. 공기가 몸 안으로 들어올 때와 나갈 때 이완되는 몸의 느낌과 편안해지는 기분에 집중한다.

긴장이완 워크북 48쪽

긴장이완은 몸의 근육을 긴장시켰다가 이완시키는 것을 반복하는 이완방법이다. 워크북의 활동 5에 나와 있는 순서대로 상담자가 근육을 긴장시키고 이완하는 시범을 보인 후에 아동이 따라한다. 아동이 얼굴을 찡그리거나 온몸에 힘을 주는 것을 어색해 한다면 상담자가 함께 연습하는 것이 도움이 된다. 상담자와 아동은 이완연습 녹음 파일을 들으면서 긴장이완의 전 과정을 함께 연습한다.

활동 6 상상이완

워크북 49쪽

상상이완은 두 가지 방식으로 진행할 수 있다. 두 가지 중 아동에게 잘 맞는다고 생각하는 한 가지를 선택해서 사용한다.

첫 번째 방법은 아동이 직접 상상하는 것이다. 아동에게 가장 편안하게 느끼는 장소가 어디인지 묻고 그 장소를 구체적으로 묘사하게 한다. 아동이 편안한 장소에 있을 때 느끼는 감각을 활동지에 적는다. 아동은 편안한 장소를 상상하면서 이때의 감각에 집중하는 연습을 한다.

두 번째 방법은 이완연습 녹음 파일의 설명을 들으면서 상상이완을 연습하는 것이다. 아동이 편안한 장소를 상상하는 것을 어려워한다면, 녹음 파일을 이용해서 상상이완을 연습한다.

활동 7 나에게 맞는 이완방법 찾기

워크북 50쪽

3가지 이완연습을 마친 후에 활동지에 기분과 몸의 느낌을 적는다. 이완연습을 통해 기분이 좀 더 긍정적으로 변화했는지 확인한다. 아동이 연습한 3가지 방법 중에서 가장 도움이 되는 것이 무엇인지 함께 이야기한다.

연습과제 편안한 나

워크북 51쪽

이완이 필요한 순간 도움을 받기 위해서는 힘들더라도 매일 연습하는 것이 중요하다는 것을 강조한다. 특히 스트레스를 받은 날은 꼭 이완연습을 할 것을 권장한다. 과제를 실시하는 데 예상되는 어려움을 다룬다. 나이가 어린 아동은 부모와 함께 연습을 할 수도 있다. 연습 장소와 시간을 정해 규칙적으로 연습하는 것이 좋다.

자신감 있는 나

원치 않는 상황이지만 그 상황을 바꿀 수 없어 우울할 때, 우울 의존적인 행동을 하기보다는 밝고 자신감 있게 행동하는 것이 기분을 더 나아지게 한다. 우울한 십대들이 세 번째로 배울 행동조절기술은 '우울하더라도 밝고 자신감 있게 행동하라'이다.

우울한 아동들은 우울한 기분으로 인해 사회적 장면에서 행동이 위축되거나(예: 학교에서 친구에게 먼저 말 걸지 않기), 에너지가 적은 행동을 하거나(예: 누워서 스마트폰 보기, 책상에 엎드려 있기), 불평을 하는데 이러한 행동들을 기분의존행동이라 한다. 기분의존행동은 장기적으로는 아동을 더 우울하게 하지만 단기적으로는 이득이 되기 때문에 지속되는 경향이 있다. 상담 연습과제가 너무 많다고 불평하는 아동을 생각해 보자. 상담자가 과제를 하지 않는 것을 허락한다면 아동은 과제를 하지 않아서 편하겠지만 프로그램을 마치더라도 우울조절기술을 제대로 배우지 못해 계속 우울할 수 있다. 우울한 아동들은 기분이 우울하더라도 적응적으로 행동할 필요가 있으며 적응적인 행동은 정적 강화를 증가시켜 실제로 기분이 나아지게 한다.

목표

- 기분에 따라 행동이 달라지지만 행동의 변화를 통해서도 기분이 달라진다는 것을 배운다.
- 자신이 우울할 때 어떻게 행동하는지를 찾아낸다.
- 우울의존행동을 대신할 적응적이고 긍정적인 행동을 배우고 연습한다.

기분온도계

한 주 동안의 기분을 기분온도계에 기록한다. 기분이 아주 좋았던 날이나 아주 나빴던 날을 포함하여 한 주 동안의 평균적인 기분을 표시한다. 지난 시간과 이번 시간의 기분 온도계 점수가 차이가 있는지를 점검한다. 지난 시간에 비해 기분온도계 점수가 높아 졌다면 어떤 활동이나 무엇 때문인지를 확인한다. 기분온도계의 점수 차이가 없거나 더 낮아졌다면 그 이유를 알아본다.

지난 회기의 요약

지난 시간에는 천천히 숨 쉬기, 근육에 힘을 주었다가 힘을 빼는 긴장이완, 편안한 상 상을 하는 상상이완을 배웠다.

연습과제 점검

지난 회기 연습과제인 **편안한 나**를 검토한다. 연습을 하면서 이완을 경험했는지 묻는 다. 아동이 이완감을 경험했다면 아동의 노력과 성취를 격려해 준다. 이완감을 경험하 지 못했다면 이완연습에 어떤 어려움이나 문제가 있었는지 검토한다. 한 주 동안 이완 연습을 하면서 3가지 이완 방법 중 가장 도움이 되었던 것이 무엇이었는지 묻는다. 도 움이 되었다고 생각하는 이완 방법을 앞으로도 사용해 보도록 권한다. 아동이 매일 이 완연습을 하지 못했더라도 연습한 날이 있다면 즐거운 달력에 사인을 한다.

기분과 행동

아동들은 자신의 행동이 기분에 미치는 영향을 잘 알지 못한다. 슬기와 운찬이의 예는 우울하더라도 어떻게 행동하느냐에 따라서 기분이 달라질 수 있다는 것을 알려준다. 다음 질문은 기분과 행동의 관계를 이해하는 데 도움이 될 수 있다.

- 침대에 누워 있는 순간은 편했지만 저녁 때 슬기의 기분은 어땠을까?

- 강아지 밥 주는 귀찮은 일은 피했지만 엄마에게 투덜거리고 나니 슬기의 기분은 어땠을까?

- 귀찮지만 세수를 했을 때 운찬이의 기분은 어땠을까?

- 귀찮지만 고양이에게 물을 주었을 때 운찬이의 기분은 어땠을까?

활동 3 투덜이와 명랑이의 전학 첫날 워크북 56쪽

준비물: 스마트폰

아동은 투덜이와 명랑이가 전학 첫날 한 행동들을 찾아 활동지에 적는다.

투덜이	명랑이
굳은 얼굴	웃는 얼굴
어깨를 떨굼	
고개를 숙임	짝을 쳐다봄
조그만 목소리로 힘없게 말함	큰 목소리로 말함
"어휴, 운동장이 넓어서 언제 교실까지 가, 힘들게"라고 투덜거림	"와, 운동장이 넓어서 놀기 좋겠다"라고 말함
짝에게 관심을 보이지 않음	짝에게 먼저 반갑게 인사함

상담자가 투덜이의 역할을 하고 아동은 명랑이의 역할을 하고 각각 동영상을 찍는다. 스마트 폰을 이용하면 손쉽게 촬영할 수 있다. 상담자와 아동은 촬영한 동영상을 보면서 명랑이와 투덜이의 짝이 명랑이와 투덜이를 어떻게 생각할지 토론한다.

활동 4 우울할 때의 나

아동에게 우울하고 자신감 없었을 때를 떠올려보라고 한다. 아동이 자신의 모습을 생생하게 떠올릴 수 있도록 누구와 함께 있었는지, 어디에 있었는지, 무엇을 하고 있었는지 등을 물어본다. 아동이 자신의 부정적인 모습을 떠올리지 못한다면 상담자가 자신의 예로 행동 시연을 한다.

아동에게 최대한 생생하게 상상하면서 당시의 모습을 보여 달라고 요청하고 이 모습을 촬영한다. 아동은 자신의 부정적인 모습을 촬영하는 것이 부끄러울 수 있다. 아동의 부끄러움이 너무 심하다면 상담자가 자신의 부정적 모습을 시연하고 아동이 이를 촬영한다. 그 후에는 아동에게 용기를 내서 우울하거나 자신감 없었을 때의 모습을 보여 달라고 요청한다.

촬영한 비디오를 함께 보면서 우울하거나 자신감 없는 모습을 보여주는 행동을 찾는다. 아동이 스스로 찾도록 격려하는 것이 중요하다. 상담자가 아동에게 피드백을 줄 때는 자신의 부정적인 모습을 창피하게 느끼지 않도록 주의한다. 아동이 찾은 내용을 워크북에 적는다.

활동 5 자신감 있을 때의 나

아동에게 밝고 자신감 있는 모습을 보였던 순간을 말해달라고 한다. 아동이 좀 더 생생하게 자신의 모습을 떠올릴 수 있도록 누구와 함께 있었는지, 어디에 있었는지, 무엇을 하고 있었는지 등을 물어본다. 아동에게 당시의 모습을 보여 달라고 요청하고 이 모습을 촬영한다. 아동의 노력과 부끄러움을 무릅쓴 용기에 대해서 많은 격려를 해준다.

아동이 자신의 긍정적인 모습을 떠올리지 못한다면, 상담 기간 동안 상담자가 보았던 아동의 밝고 자신감 있는 모습을 말해준다. 아동은 상담자의 도움을 받아 그때의 모습을 시연하고 촬영한다. 아동이 자신을 촬영하는 것을 너무 부끄러워한다면, 상담자가 알고 있는 아동의 밝고 자신감 있는 모습을 직접 시연하고 아동이 이를 촬영할 수도 있다.

촬영한 동영상을 함께 보면서 밝고 자신감 있는 모습을 보여주는 행동을 찾는다. 아동이 찾은 내용을 워크북에 적는다.

연습과제 자신감 있는 나 　　　　　　　　　　워크북 60쪽

집과 학교에서 밝고 자신감 있게 행동하기 위한 계획을 세운다. 언제, 어디에서, 어떻게 자신감 있게 행동할 지를 구체적으로 기록한다. 예를 들면 친구에게 먼저 말 걸기, 불평하지 않기, 웃으면서 인사하기라고 적는다. 자신감 있게 행동하는 연습을 하면서 기분이 어떻게 달라졌는지 살펴야 한다는 것을 강조한다.

도전하는 나

원치 않는 상황이지만 그 상황을 바꿀 수 없어 우울할 때, 성취 가능한 일을 선택해 도전하는 것은 기분을 나아지게 한다. 우울한 십대들이 네 번째로 배울 행동조절기술은 '우울하더라도 성취 가능한 일에 도전하라'이다.

우울한 아동은 우울하지 않은 아동보다 자신이 한 일, 소유물, 개인적 자질을 더 부정적으로 왜곡해서 평가하는 경향이 있다(Kendall, Strark, & Adam, 1990). 많은 우울한 아동들은 자신이 어떤 것도 제대로 할 수 없다는 핵심신념을 갖고 있어 자신이 잘하는 것과 제대로 해낸 것들을 인식할 수 있도록 배워야 한다. 또한 문제를 겪거나 실수를 하더라도 모든 것을 잘못했거나 어떤 것도 제대로 할 수 없다는 의미가 아니라는 것을 배워야 한다(Kendall, 2010).

도전하는 나는 아동 스스로가 발전시키고 싶은 재능을 선정해서 구체적인 목표를 세우고 이를 이루기 위한 연습을 통해 자기 보상과 통제감을 증진시키려는 목적을 갖고 있다. 구체적인 목표를 세우고 목표에 도달하기 위해 연습하는 과정을 통해 아동은 자신의 능력을 좀 더 객관적으로 평가하는 것을 배우게 된다. 또한 연습 과정에서 겪는 여러 가지 시행착오가 실패가 아니라 과정의 일부라는 것을 배우는 성취 경험을 통해 자신을 좀 더 긍정적으로 지각하게 된다.

목표
- 아동에게 중요하거나 발전시키고 싶은 재능이 무엇인지 알아본다.
- 실현 가능한 구체적인 목표를 정하고 목표를 이루기 위한 단계별 계획을 세운다.
- 목표를 이루기 위한 연습 과정과 성취 경험이 기분을 좋게 한다는 것을 배운다.

기분온도계 워크북 62쪽

한 주 동안의 기분을 기분온도계에 기록한다. 기분이 아주 좋았던 날이나 아주 나빴던 날을 포함하여 한 주 동안의 평균적인 기분을 표시한다. 지난 시간과 이번 시간의 기분 온도계 점수가 차이가 있는지를 점검한다. 지난 시간에 비해 기분온도계 점수가 높아 졌다면 어떤 활동이나 무엇 때문인지를 확인한다. 기분온도계의 점수 차이가 없거나 더 낮아졌다면 그 이유를 알아본다.

지난 회기의 요약

지난 시간에는 우울할 때와 기분이 좋을 때 어떻게 행동하는지를 알아보고 밝고 자신 감 있게 행동하는 것을 연습했다. 아동의 긍정적인 모습을 보여주는 얼굴표정, 자세, 옷차림, 말의 내용, 목소리, 행동은 어떤 것인지 질문한다.

연습과제 점검

- 연습과제인 **자신감 있는 나**를 점검한다. 보상제도를 시행한다면 즐거운 달력에 사 인을 한다.
- 연습과제를 해오지 못했다면, 과제를 하지 못한 이유를 탐색한다. 연습할 기회가 없었다면 계획을 다시 세워 다음 시간까지 연습해 오도록 한다. 또는 이번 상담시 간 동안에 밝고 자신감 있는 모습을 보여줄 계획을 세우고 상담시간에 실행한다. 상담이 끝나기 전에 이 과제를 잊지 말고 점검한다.

나의 재능은? 워크북 63쪽

한국어 사전에 따르면 '재능'이란 재주와 능력을 아울러 이르는 말이며 무엇을 남달리 솜씨 있게 하는 기술이 '재주', 어떤 일을 해낼 수 있는 힘이 '능력'이다. 아동에게는 이해하기 쉽게 재능이라는 표현을 사용하였다.

아동이 재능의 개념을 알고 있는지 알아보기 위해 김연아 선수와 류현진 선수의 재능은 무엇이라고 생각하는지 묻는다. 아동이 "스케이트를 잘 타요", "야구를 잘 해요"라고 대답한다면, "김연아 선수가 특히 잘하는 것은 무엇일까?", "류현진 선수가 특히 잘하는 것은 무엇일까?"라고 좀 더 구체적인 질문을 한다. 점프, 표정 연기, 유연함, 제구력, 강한 체력 등등을 말한다면 아동은 좋은 대답을 한 것이다. 아동에게 김연아 선수는 점프를 잘 하는 재능을 가졌고, 류현진 선수는 공을 빨리 던지는 재능을 가졌다고 말한다. 아동이 특별한 사람들만 재능을 갖는 것으로 오해하지 않도록 줄넘기를 하는 것, 만화를 그리는 것, 노래를 하는 것, 남을 웃기는 것도 모두 재능이라고 알려준다.

아동이 재능의 개념을 확실히 이해했다면, 아동이 갖고 싶은 재능이 있는지 더 발전시키고 싶은 재능은 무엇인지 질문한다.

활동 3 100가지 재능 워크북 64쪽

아동이 갈고 닦을 재능을 떠올리지 못한다면 100가지 재능 활동지를 참고한다.

활동 4 도전할 목표 정하기 워크북 66쪽

재능을 발전시키기 위해서는 많은 연습이 필요하다고 아동에게 설명한다. 다음 질문이 도움이 될 것이다.

- 김연아 선수는 점프를 몇 번 했을까?
- 류현진 선수는 공을 몇 개 던졌을까?
- 내가 자전거를 타기 위해 페달을 몇 번이나 굴렸을까?
- 한글을 배우기 위해 내 이름을 몇 번이나 썼을까?

- 태권도 검은 띠를 따기 위해 발차기를 몇 번 했지?

나의 재능을 빛나게 하기 위해서 재능을 갈고 닦는 연습이 필요한데 연습을 하기 전에 목표를 정할 것이라고 설명한다. 아동이 실현 가능한 목표를 정하도록 돕는다. 약속한 상담 기간 안에 목표를 이룰 수 있어야 성취감을 느낄 수 있다. 초등학생이라면 한 달 안에 완성할 수 있는 목표가 현실적이다. 중학생이라면 학교생활의 일정을 고려해서 목표를 정한다. 아동이 구체적인 목표를 정하도록 돕는다. 구체적인 목표를 정하면 다음 단계인 세부 목표를 정하는 활동이 수월해진다.

예를 들어 수영을 재능으로 선택한 아동이 수영대회에서 상을 받는 것을 목표로 정했다면 이를 상담 기간 중에 이룰 수는 없으므로 목표의 수정이 필요하다. 수영을 자주 연습한다면 처음 배우는 영법인 '자유형으로 5m 가기'는 현실적인 목표가 될 수 있다. 수영을 일주일에 한 번만 연습한다면 '보조도구 없이 물에 3초간 떠 있기'를 목표로 정할 수 있다.

구체적인 목표를 어떻게 정해야 할지 아이디어가 없다면 다음 내용을 참고한다.

- 센스 있게 멋 내기: 교복 예쁘게 입기
- 머리 손질하기: 머리 묶는 방법 3가지 익히기
- 사진 찍기: 사진 작품집 만들기
- 마술: 카드 마술 3가지 익혀서 가족·친구에게 보여주기
- 타자: 한글 타자 속도 100타까지 올리기
- 바둑: 인터넷 강의로 바둑 배우기 - 초보과정
- 체스: 체스의 기본 전략 익히기 - 오프닝 전략
- 요요: 요요 기술 3가지 익히기
- 저글링: 공 세 개를 5분간 교대로 잡았다가 던지기를 반복하기
- 유머: 가족을 1분간 웃게 하기
- 댄스: ○○ 곡 안무를 마스터하기

- 줄넘기: 이중 뛰기 연속 10개 성공하기

- 훌라후프: 훌라후프를 떨어뜨리지 않고 10m 걸어가기

- 수영: 물 속에서 12초 동안 숨 참기, 접영 배우기

- 인라인 스케이트: 다양한 멈추기 기술 익히기

- 자전거: 두발 자전거 타기

- 태권도: 금강 품새 익히기

- 배드민턴: 배드민턴 공 떨어뜨리지 않고 10회 왕복하기

- 덤블링: 백덤블링 성공하기

- 체력 기르기: 윗몸 일으키기 20번 하기

- 그림 그리기: 학교 풍경 그리기

- 만화 그리기: 만화 캐릭터집 만들기

- 서예: 내 방에 걸어놓을 좌우명 쓰기

- 도예: 연필꽂이 만들기

- POP: 우리집 가훈 쓰기

- 뜨개질: 목도리 뜨기

- 십자수: 핸드폰 액세서리 만들기

- 비즈 공예: 목걸이 만들기

- 프라모델 조립: 헬리콥터 만들기

- 인형옷 만들기: 바비인형 치마 만들기

- 클레이: 머리핀 보관 상자 만들기

- 재활용품을 이용한 만들기: 로봇 만들기

- 노래하기: ○○곡 음 이탈하지 않고 부르기

- 휘파람 불기: 휘파람으로 '나비야' 불기

- 악기 연주: 원하는 악기로 ○○곡 연주하기

- 수수께끼: 수수께끼 책 만들기

- 외국어 실력: 외국어로 자기 소개하기

- 빠르고 정확한 계산: 10분 안에 혼합계산 문제 3개 풀기

- 한자: 한자 100자 외우기

- 발명: 생활 발명품 만들기

- 동물: 동물 도감 만들기

- 식물: 식물 도감 만들기

- 역사: 삼국지 읽기

- 별자리: 여름철 별자리 가이드북 만들기

- 사자성어: 사자성어 노트 만들기

활동 5 도전 사다리
워크북 67쪽

활동 5에는 구체적인 목표를 이룰 수 있도록 단계별 계획을 보여주는 예를 제시하였다. 운찬이의 도전 사다리를 먼저 살펴보고 슬기의 도전 사다리에서 빈칸에 들어갈 단계별 계획이 어떤 것이 있을지 토론해서 적는다. 슬기의 도전 사다리에서 2단계와 5단계의 내용을 하나만 적어도 되지만 한 칸에 2~3개의 단계들을 세분화시켜 적어도 좋다. 아동에게 하나의 단계를 여러 단계로 나눌 수도 있고 합칠 수도 있음을 설명한다.

활동 6 도전 사다리 만들기
워크북 69쪽

구체적인 목표를 이루기 위한 단계별 계획을 포함한 도전 사다리를 만든다. 우울한 아동은 하고 싶은 일이 있어도 엄두가 나지 않아 시작을 못하기도 한다. 쉽게 시작할 수 있도록 단계를 세분하는 것이 중요하며 각 단계에서 해야 하는 활동이 무엇인지 구체적이어야 한다. 구체적인 목표를 정할 때처럼 하나의 세부 단계를 다시 여러 개의 작은 단계로 나눌 수 있다. 나이가 어릴수록, 활동수준이 낮고 우울할수록 단계별 계획을 구

체적으로 만드는 것이 중요하다.

예를 들어 킥판 잡고 자유형 수영하기가 구체적인 목표라면 목표를 이루기 위한 세부 단계는 다음과 같다.

도전 사다리의 예:

단계 1. 우리 동네 수영장 찾아보기

단계 2. 발차기 배우기

단계 3. 숨 쉬는 방법 배우기

단계 4. 팔 돌리기 배우기

단계 5. 킥판 잡고 발차기하면서 좌우 팔을 한 번씩 돌리기

단계 6. 킥판 잡고 발차기하고 팔을 돌리면서 호흡도 하기

아동이 도전 사다리의 단계별 계획에 따라 수영을 연습하던 도중 숨쉬기가 잘 되지 않는다면, 숨쉬기를 좀 더 세부적으로 나누어 다시 단계를 계획할 수 있다.

도전 사다리 수정의 예:

단계 3. 집에서 물 떠 놓고 숨 쉬는 방법 연습하기

단계 4. 수영장에 5분 일찍 가서 강좌 시작 전에 혼자 숨 쉬는 방법 연습하기

단계 5. 팔 돌리기 배우기

활동 6에서 도전 사다리의 첫 단계를 계획할 때, 활동 7을 위해 상담실에서 직접 해볼 수 있는 활동을 계획하는 것이 중요하다. 아동이 갈고 닦고자 하는 재능에 따라 장소나 도구의 제약이 있을 수 있으므로 상담자의 창의성이 필요하다. 상담자와 아동이 여러 가지 아이디어를 모아본다. 예를 들어 축구에서 슛 연습을 해야 한다면 공이 있다고 상상하고 공차기를 할 수도 있고 피아노 배우기라면 피아노 건반을 종이에 그리고 연습하거나 손가락 푸는 연습을 할 수 있다. 인터넷 사용이 가능하다면 관련 동영

상이나 자료 찾기를 1단계로 정할 수 있다.

이 단계에서 모든 계획을 완벽하게 세울 필요는 없다. 연습 과정에서 하나의 단계가 다시 여러 개의 작은 단계로 나뉠 수도 있고 때로는 작은 단계들이 하나의 단계로 합쳐질 수도 있다. 완벽하지는 않더라도 시작이 중요함을 설명하고 아동과 상담자가 완성한 도전 사다리를 워크북에 기록한다.

활동 7 시작이 반이다!　　　　　　　　　　　　　　　　　워크북 70쪽

목표를 이루기 위해서는 연습 과정과 노력이 필요하다는 것을 강조한다. 활동 6에서 계획한 도전 사다리의 첫 단계를 상담실에서 직접 연습한다. '시작이 반이다'라는 속담을 얘기하면서 아동의 첫 시도를 격려해 준다. 워크북에 연습 전과 후의 기분을 기록하고 비교한다.

연습과제 도전하는 나　　　　　　　　　　　　　　　　　워크북 71쪽

집에서의 연습계획을 세우고 연습과정을 기록한다. 기분온도계를 기록할 것과 기분온도계가 어떻게 변하는지 살펴볼 것을 당부한다. 본 회기 이후에도 도전 사다리의 단계별 계획을 계속 실행하여 구체적인 목표를 이루도록 격려한다. 앞으로의 회기에서 지침서의 연습과제 점검에 **도전하는 나**를 검토하라는 설명이 없더라도 목표를 이룰 때까지 매 회기 연습과제 점검 시간에 **도전하는 나**를 검토한다. 상담자가 매 회기 관심을 갖고 격려해 준다면 목표를 이룰 수 있다!

함께하는 나

원치 않는 상황이지만 그 상황을 바꿀 수 없어 우울할 때, 혼자서 우울해하기보다는 믿을 수 있는 사람에게 털어놓고 이야기하는 것이 기분을 나아지게 한다. 우울한 십대들이 다섯 번째로 배울 행동조절기술은 '우울할 때는 누군가에게 마음을 털어놓고 함께하라'이다.

아동이 경험하는 일상의 크고 작은 스트레스는 우울감을 유발할 수 있다. 친구나 가족과의 예기치 않은 이별, 친구와의 다툼, 부모와의 갈등, 성적에 대한 부담, 외모에 대한 불만 등은 십대들이 흔히 경험하는 스트레스이다. 스트레스뿐만 아니라 스트레스에 어떻게 대처하느냐도 우울감에 영향을 준다. 사회적 지지 추구와 같이 개인의 노력이 외부로 향하는 대처는 우울을 감소시킨다(Amirkman, 1990; Endler & Parker, 1990).

우울한 십대들은 우울에 대처하기 위해 사회적 지지 자원을 강화하고 확장시키는 활동을 하는 법을 배워야 한다. 다른 사람과 함께하는 경험은 십대에게 중요한 소속감을 느끼게 해주고 위로와 같은 사회적 강화를 얻을 수 있게 한다. 또한 부정적인 사건을 좀 더 객관적으로 지각할 수 있게 해주고 문제해결에 도움이 되는 정보도 얻을 수 있다. **함께하는 나**는 인지재구조화로는 다루기 어려운 명백히 부정적인 사건을 경험한 십대에게 특히 중요한 행동조절기술이다.

목표

- 현재의 사회적 지지 자원을 살펴보고 이를 확장할 수 있는 실현 가능한 대상을 찾는다.
- 다양한 사람들과 여러 가지 주제에 대해 마음을 터놓고 이야기하는 것이 사회적 지지 자원을 강화하는 것임을 배운다.
- 우울할 때 마음을 털어놓고 이야기하면 기분이 나아진다는 것을 경험한다.

활동 1 기분온도계　　　　　　　　　　　　　　워크북 74쪽

한 주 동안의 기분을 기분온도계에 기록한다. 기분이 아주 좋았던 날이나 아주 나빴던 날을 포함하여, 한 주 동안의 평균적인 기분을 표시하면 된다. 지난 시간과 이번 시간의 기분온도계 점수가 차이가 있는지를 점검한다. 지난 시간에 비해 기분온도계 점수가 높아졌다면, 어떤 활동이나 무엇 때문인지를 확인한다. 기분온도계의 점수 차이가 없거나 더 낮아졌다면, 그 이유를 알아본다.

지난 회기의 요약

지난 시간에는 발전시키고 싶은 재능을 찾고 이를 이룰 수 있는 구체적인 목표를 정하고 목표를 이루기 위한 단계별 계획을 세우는 도전 사다리를 만들었다.

연습과제 점검

지난 회기 과제인 **도전하는 나**를 연습했는지 점검한다. 연습을 통해서 기분이 나아졌는지도 확인한다. 기분에 변화가 없다면 그 이유를 알아본다. 도전 사다리를 연습하지 못했다면 문제를 해결하고 이번 주에 연습하기 위한 구체적인 계획을 다시 세운다. 보상제도를 시행한다면 즐거운 달력에 사인을 한다.

활동 2 운찬이의 속마음　　　　　　　　　　　　워크북 75쪽

운찬이의 속마음을 소개한다. 힘든 일이 생기면 운찬이처럼 잊어버리려고 노력할 수도 있고 누군가에게 고민을 털어놓을 수도 있다. 아동에게 힘든 일이 생기면 어떻게 할 것인지 그리고 어떤 방법이 기분을 나아지게 할 수 있을지 묻는다. '기쁨은 나누면 두 배가 되고 슬픔은 나누면 반이 된다'는 말을 소개하면서 오늘은 주변 사람들과 함께하면 기분이 좋아질 수 있다는 것을 배우게 될 것이라고 설명한다.

활동 3에서는 아동의 현재 사회적 지지 자원을 확인한다. 우선 나라는 원을 중심으로 가까운 원에는 가장 친밀하게 느끼는 사람을 적게 한다. 나에게서 멀어질수록 친밀감이 적은 대상을 적도록 한다. 아동이 가족, 친구처럼 어떤 대상을 총칭해서 적었다면 엄마, 아빠, 언니, 운찬이, 슬기처럼 대상을 구체적으로 적게 한다. 모든 원에 이름을 적도록 한다. 대상을 다 적었다면, 그 사람과는 어떤 이야기를 나누는지 적게 한다. 아동이 말하는 내용을 직접 적을 수도 있고 원 그림 하단의 〈이야기 주제〉를 참조해도 좋다. 아동이 원 안에 상담자를 적지 않았다면 상담자도 적어달라고 요청한다.

현재의 사회적 지지 자원을 탐색하기 위해 다음 주제를 다룬다.

- **원 안의 누구에게나 모든 이야기를 할 수 있는지?** 십대들은 대상에 따라 대화의 주제가 달라진다. 친밀하게 느끼는 사람과는 다양한 영역의 이야기를 나누고 고민이나 비밀도 털어놓는다. 아동 자신은 어떤지를 인식할 수 있도록 돕는 질문을 한다.

  나와 가장 가까운 원에 있는 사람들과는 어떤 이야기를 나누는가?

  나와 가장 먼 원에 있는 사람들과는 어떤 이야기를 나누는가?

  가까이 있는 사람과 나누는 이야기와 멀리 있는 사람과 나누는 이야기의 내용이 어떻게 다른지?

- **고민을 털어놓는 사람이 있는지?** 고민을 털어놓는 상대가 있다면, 그 사람과는 어떤 이야기를 나누었는지, 어떻게 도움이 되었는지 질문한다. 고민을 얘기했지만 도움이 되지 않았다고 대답한다면, 그 경험에 대해 좀 더 자세히 묻는다. 아동이 대상을 잘못 선택했을 수도 있고 자신의 경험에 대해 부정적인 면만 지각했을 수도 있다. 고민을 나눈 경험에 대해 부정적으로만 생각하지 않도록 함께 얘기한다.

- **아동에게 고민을 말한 사람도 있었는지?** 만일 있다면, 상대가 아동에게 고민을 털어놓았을 때 어떤 기분이 들었는지, 왜 아동에게 고민을 얘기했다고 생각하는지와 같은 질문을 통해 상대가 아동을 친하다고 또는 믿을 만하다고 생각한 것이라는

점을 알게 해준다. 아동이 다른 사람에게 위로나 도움이 되는 사람일 수 있다는 긍정적인 피드백을 전달한다. 만일 없다면, 아동이 먼저 고민을 말하는 용기를 내볼 수 있다고 격려한다.

- **고민을 말한다면 기분이 어떨까?** 다른 사람에게 터놓고 이야기를 하는 것이 기분에 어떤 영향을 줄 수 있을지를 논의하기 위해 다음과 같은 질문을 할 수 있다.

  기쁜 일을 부모님(친구)에게 얘기하면 어떤 기분이 드니?

  고민을 부모님(친구)에게 얘기하면 기분이 어떨 것 같니?

  상담자에게 고민을 말한다면 어떤 기분이 들까?

활동 4 앞으로 함께하고 싶은 사람

워크북 77쪽

활동 3의 활동지를 참조하여 원 안의 위치를 바꾸고 싶은 사람이나 새롭게 포함하고 싶은 사람을 적는다. 활동 3에서 '나'와 가장 가까운 원에 포함되는 대상이 없거나 적다면 적어도 두 명 정도가 더 포함되게 한다. 상담자를 포함시켜도 좋다. 활동 3처럼 원 안에 적은 대상들과는 어떤 이야기를 나누고 싶은지 적는다.

미래의 사회적 지지 자원을 탐색하기 위해 다음 주제를 다룬다.

- **무엇을 원하는지 탐색한다.** 미래의 사회적 지지 자원에 대한 아동의 바람과 기대를 분명히 하기 위해서 다음과 같이 언급할 수 있다.

  이렇게 바뀌면 좋은 점이 있는 거네.

  ○○는 원의 자리가 바뀌었네.

  ○○가 새로운 사람이네. 이 사람에 대해서 좀 말해줄래.

- **어떻게 해야 할지 방법을 찾는다.** "이 원처럼 되려면, 네가 무엇을 해야 할까?", "○○가 이 원 안으로 들어가려면 네가 무엇을 해야 할까?"라는 질문으로 시작한다. 아동이 대답을 하면 그 대답에 대해 격려해 주고 활동 3의 활동지를 다시 살펴본

다. 아동이 친밀한 대상과 지금 나누고 있는 이야기를 살펴보면서 누군가와 좀 더 친해지기 위해서는 자신의 이야기나 고민을 함께 나누는 것이 방법이라고 알려준다. 자신의 얘기를 털어놓아서 가까워진 경험이 있는지 물어본다. 어떤 이야기를 해서 가까워졌는지 경험을 말하면서 새롭게 친해지려는 사람과는 무슨 이야기를 할지 의논한다. 아동이 그런 경험이 없다면, 상담자의 경험을 말한다. 지금 함께 이야기를 나눔으로써 상담자와 아동도 더 가까워지고 있다고 피드백을 준다.

- **사회적 지지 자원이 충분한지 검토한다.** 활동 3과 4의 활동지에 적은 사람들을 포함해서 아동이 고민을 나눌 수 있는 대상이 충분한지를 점검한다. 나와 가장 가까운 원 안에는 최소한 두 명이 있어야 한다. 가장 가까운 원 안에 적은 사람들과는 어떤 고민을 털어놓고 말할 수 있는지를 묻는다. 예를 들어 가장 가까운 원 안에 친구, 엄마, 과외 선생님, 사촌형을 적었다면 친구에게는 어떤 고민을 털어놓을 수 있는지, 과외 선생님에게는 어떤 고민을 말할지 묻는다. 아동이 우울하거나 고민이 생기면 상담자도 기꺼이 이야기를 나누고 싶다고 알려준다.

활동 5 함께 마음을 나누기

워크북 78쪽

준비물: 워크북의 부록 4 대화카드[5]

대화카드를 활용해 아동과 상담자가 함께 이야기를 나누는 시간을 갖고 이후의 기분에 대해 얘기한다. 초등학생이고 부모가 상담시간에 참여하는 것이 가능하다면 부모, 아동, 상담자가 함께 활동 5를 할 수도 있다. 대화카드에는 고민을 묻는 질문이 있어서 아동이 부모에게 자신의 마음을 드러낼 수 있다.

대화카드를 활용해 다음과 같이 게임을 진행한다.

① 카드를 잘라 섞은 후 내용이 보이지 않도록 뒤집어 쌓아놓는다.

---

[5]   사회평론 홈페이지(www.sapyoung.com) 아카데미 자료실에서도 다운로드 받을 수 있습니다.

② 한 사람씩 돌아가면서 카드 내용을 읽는다. 카드는 마음카드(♥)와 행동카드(✋)로 구분되어 있는데, 마음카드는 내용을 읽고 대답하면 되고 행동카드는 적혀 있는 지시를 따르면 된다.

③ 마음카드를 뒤집어 대답을 한 사람은 점수를 얻게 된다. 이 때 사용한 마음카드를 한 장씩 가져가서 점수 대신 사용한다. 반면 행동카드는 별도의 점수가 없다.

④ 점수(마음카드)를 가장 많이 가진 사람이 이긴다.

아동이 얘기하는 것을 좋아하지 않는다면 대화가 짧게 끝날 수 있다. 이때 상담자는 아동이 자신의 경험을 좀 더 말할 수 있도록 아동이 대답한 내용과 관련된 질문을 한다. 새로운 규칙을 추가할 수도 있다. 한 사람이 카드에 대한 대답을 하면 대답을 들은 다른 사람이 대답한 내용에 대해 추가 질문을 하고 대답을 하는 규칙을 정할 수 있다.

대화카드를 활용하여 이야기를 나눈 후에 기분이 어떤지 물어보고 기분온도계에 표시한다. 이후에 다음과 같은 질문이나 대화를 한다.

- 상담자가 아동에 대해 더 알게 된 것을 말해준다.
- 아동이 상담자에 대해 더 알게 된 것이 무엇인지 물어본다.
- 아동의 마음을 더 알게 되어서 상담자의 느낌이 어떤지를 말해준다.
- 아동이 상담자의 마음을 알아서 상담자에 대한 느낌이 어떤지 물어본다.
- 누구와 이렇게 마음을 나누고 싶은지 묻는다.

연습과제 함께하는 나   워크북 79쪽

한 주 동안 다른 사람에게 마음을 터놓고 이야기하는 시간을 갖는다. 누구와 무슨 대화를 할지 계획을 세운다. 아동은 실현 가능한 대상을 선택해야 한다. 아동이 이야기 주제를 쉽게 선택하지 못한다면 상담시간에 활용했던 대화카드를 이용해 부모님과 함께

이야기를 하도록 권할 수 있다. 아동이 현재 고민이 있다면 고민을 누구와 얘기할 수 있을지 논의한 후에 계획 세우기 칸에 적는다. 아동이 고민이 없다면 고민을 너무 거창하게 생각하는 것일 수도 있다. 상담자와 함께 작은 고민을 찾아본다. 중요한 것은 고민의 내용이 아니라 아동이 고민을 털어놓는 연습을 하는 것이다.

고민의 예:

어려운 숙제

방학 때 무엇을 할지

용돈을 받는 방법

용돈을 올려 받는 방법

아침에 일어나기 힘든 것

문제해결사란?

기분을 우울하게 하는 환경이나 상황을 바꿀 수 있다면 바꾸는 방식으로 문제를 해결하고 바꿀 수 없다면 그 영향을 최소화하는 문제해결은 우울한 십대들이 배워야 할 기술이다. 우울한 아동들은 종종 일상생활에서 겪는 문제들을 스스로 해결하기 어렵다고 느낀다. 우울한 아동들이 보이는 낮은 자기효능감, 희망이 없다는 생각, 비관적인 생각, 의사결정의 어려움 등은 아동들의 문제해결을 방해하며 그 결과 경직된 또는 감정적 대처 행동을 낳는다.

문제해결기술은 문제의 정의, 다양한 해결방법의 생성, 해결방법의 장단점에 대한 예상, 최선의 방법 선택, 실행과 결과 평가의 과정을 포함한다. 이 과정에서 대안적 해결 방법을 찾는 기술을 아동에게 가르치는 것은 우울한 아동이 문제해결기술을 성공적으로 활용하는 데 중요하다(Friedberg & McClure, 2002; 2007). 문제해결기술을 배우는 것은 대처 목록을 확장시켜 반복적인 실패의 경험을 감소시키고 아동 스스로 상황을 변화시킬 수 있도록 도와 아동의 우울한 기분을 호전시킨다.

목표

- 우울한 기분은 문제해결이 필요하다는 신호라는 것을 배운다.
- 재미있는 활동이나 놀이를 통해 문제해결의 단계들을 배운다.
- 상담자가 머릿속에서 진행되는 문제해결 과정을 소리 내어 말하는 것을 들으면서 놀이나 게임에서도 문제해결기술이 사용된다는 것을 배운다.

활동 1 기분온도계　　　　　　　　　　　　　　　　　　　워크북 82쪽

한 주 동안의 기분을 기분온도계에 기록한다. 기분이 아주 좋았던 날이나 아주 나빴던 날을 포함하여 한 주 동안의 평균적인 기분을 표시한다. 지난 시간과 이번 시간의 기분 온도계 점수가 차이가 있는지를 점검한다. 지난 시간에 비해 기분온도계 점수가 높아졌다면 어떤 활동이나 무엇 때문인지를 확인한다. 기분온도계의 점수 차이가 없거나 더 낮아졌다면 그 이유를 알아본다.

지난 회기의 요약

지난 시간에는 아동이 누구와 무슨 이야기를 하는지 앞으로는 어떤 이야기도 하고 싶은지를 알아보았다. 누군가와 더 가까워지기 위해서는 마음을 터놓고 이야기를 해야 하며 특히 우울할 때 마음을 털어놓고 말하면 기분이 나아진다는 것을 알았다.

연습과제 점검

연습과제인 **함께하는 나**를 점검한다. 아동이 누구와 어떤 얘기를 나누었는지 확인한다. 이야기를 나눈 후의 기분은 어땠는지를 살펴본다. 앞으로 더 가까워지기 위해 또는 더 많은 사람과 마음을 나누기 위해 무엇을 할 수 있을지 함께 논의해 본다. 과제를 해오지 않았다면 이유를 탐색한다. 아동이 과제를 너무 어렵게 생각해서 못했다면 짧은 대화도 작은 시작이 될 수 있음을 말해 준다. 연습과제를 못한 것을 아동의 고민으로 정해서 상담시간에 상담자에게 털어놓고 이야기할 수도 있다.

활동 2 문·제·해·결·사　　　　　　　　　　　　　　　　워크북 83쪽

아동에게 우울하거나 짜증이 나는 등의 부정적인 기분은 해결해야 할 문제가 있다는 신호임을 설명한다. 일상생활에서 문제를 해결할 방법이 필요한 상황을 소개한다.

예: 숙제가 많아서 놀지 못해 속상할 때

　　친한 친구가 전학을 가서 우울할 때

　　친구가 내 물건을 자꾸 가져가서 짜증이 날 때

　　무한도전을 보고 싶은데, 동생이 다른 방송을 본다고 우겨서 화가 날 때

　　학교 준비물을 갖고 가지 않아 당황할 때

아동에게 문제해결이 기분에 미치는 영향을 설명한다. 문제해결을 통한 성공 경험은 기분을 좋게 만들며 아동 스스로 상황을 변화시킬 수 있다는 자기 통제감을 갖게 한다. 문제해결의 단계와 방법을 쉽게 기억할 수 있게 도와주는 **문제해결사**를 소개한다. 문제해결에서 중요한 것은 다양한 해결방법을 생각해 내고 각각의 장점과 단점을 예상해서 최선의 방법을 선택하는 것이다.

- **문** 부정적인 기분을 느끼는 문제 상황을 정의한다.
- **제** 문제를 해결할 수 있는 가능한 방법들을 생각한다. 아직은 해결방법의 장단점을 생각하지 말고 다양한 방법을 생각하도록 격려한다.
- **해** 해결방법의 장단점을 생각한다. 이 과정을 어려워하는 아동들이 많으므로 장단점을 생각할 때 도움이 되는 질문들을 소개한다.
  - 이 방법이 정말 문제를 해결해 줄까?
  - 이 방법을 사용하면 어떤 결과가 생길까?
  - 실제로 사용할 수 있는 방법인가?
  - 이 방법을 사용하면 다른 문제가 생기지는 않을까?
- **결** 장단점을 고려해서 해결방법을 결정한다. 최선의 결과를 가져올 수 있는 방법을 선택할 수도 있고 몇 개의 방법들을 합친 새로운 해결책을 내놓을 수도 있음을 설명한다.
- **사** 결정한 해결방법을 사용해 보고 결과를 살펴본다.
  만약 사용한 방법이 도움이 되지 않았다면 다른 해결방법을 선택해서 실행한다.

준비물: 자, 책

흥미를 느낄 수 있도록 **문제해결사**를 적용할 수 있는 재미있는 상황을 제시한다.

예 1: 컴퍼스를 사용하지 않고 10cm 지름의 원을 그리기

예 2: 손을 사용하지 않고 책의 첫 장을 펼치기

예 3: 손을 사용하지 않고 상담실의 문을 열기

아동이 창의적으로 다양한 해결방법들을 생각하도록 격려한다. 생각하기 어려워할 경우 상담자가 한 가지 예를 들어 준다. 아동은 하나의 정답이 있다고 생각해서 다양한 방법을 찾지 못하는 경우도 있다. 다양한 생각을 장려하기 위해 상담자가 창의적인 방법을 제시하는 것도 도움이 된다.

원 그리기: 자로 지름이 10cm인 동그란 물건을 찾아 물건을 대고 그린다.

실이나 줄의 한쪽 끝을 고정하고 5cm 지점을 연필에 묶어 원을 그린다.

중앙에 점을 찍고 점부터 5cm 지점에 연필로 돌아가면서 점을 찍어 점들을 연결한다.

책의 첫 장 펼치기: 팔꿈치를 이용한다.

발을 이용해 본다.

입으로 바람을 불어 본다.

다른 사람에게 부탁한다.

상담실 문 열기: 팔꿈치를 이용해서 문고리를 내려 문을 연다.

발로 문고리를 내려 문을 연다.

다른 사람에게 부탁한다.

해결방법의 장단점을 생각해 보고 최선의 방법을 결정한다. 일단 결정한 최선의

방법을 실제로 상담실에서 실행해 본다. 실제 실행해 보면 머릿속으로 상상할 때와 비교하여 자신이 장단점을 잘 예측했는지를 확인할 수 있고 **문제해결사**의 과정에 좀 더 흥미를 가질 수 있다.

결정한 방법을 실행했으나 그 결과가 성공적이지 못하다면, 문제해결의 앞 단계로 돌아가서 차선책을 실행하고 그 결과에 대해서 이야기한다. 이런 방식으로 **문제해결사**가 문제를 해결할 때까지 반복의 과정을 거쳐 문제를 해결해나간다는 것을 설명한다.

활동 4 들는 문제해결사
워크북 85쪽

준비물: 젠가게임 또는 500원, 100원, 50원짜리 동전 2개씩(또는 병뚜껑)

젠가나 동전을 준비하여 놀이를 진행한다. 매 번 자신의 순서가 됐을 때 다양한 선택을 할 수 있는 게임이 있다면 그 게임을 해도 좋다.

예: 젠가게임 - 번갈아 가면서 나무막대기를 빼낸다. 나무 탑을 쓰러뜨리는 사람이 진다.

예: 동전게임 - 500원, 100원, 50원짜리 동전을 2개씩 준비하여 한 사람당 1개씩 3개의 동전을 갖는다. 책상 네 모서리 중 한 곳에서 손가락으로 동전을 튕겨 책상 가장자리에 가장 가까이 멈추게 하는 사람이 이기는 게임이다.

놀이를 하면서 상담자는 자신의 차례가 되면 행동을 하기 전에 머릿속의 생각을 소리 내서 말한다. 예를 들면 "이 토막을 빼면 쓰러질 수 있으니까 빼면 안 되겠다", "이 토막은 기둥이 든든하게 받쳐주니 빼도 되겠다"라고 머릿속의 생각을 중계하듯이 말한다. 이 과정은 상담자가 아동에게 생각을 말로 언어화시키는 것을 본보기로 보여주는 것이다. 이번 시간에는 상담자가 모델이 되어 문제해결 과정을 소리 내어 말하고 아동은 이를 관찰 학습한다. 아동은 상담자의 문제해결 과정을 들으면서 놀이와 같은 일상적인 활동에도 **문제해결사**를 사용한다는 것을 아는 것이 중요하다. 다음 회기에 아동은 문제해결의 과정을 직접 말하는 연습을 통해 문제해결기술을 좀 더 명확하게 인식하게 된다.

(연습과제) 문제해결사가 필요해 워크북 86쪽

한 주 동안 가정이나 학교에서 생긴 문제 중 **문제해결사**가 필요한 상황들을 찾아서 적는다. 아동이 해결해야 할 필요가 있는 문제나 기분이 나빴던 일 특히 우울했던 일을 떠올리면 도움이 된다. 아동이 가정이나 학교에서 경험했던 문제 상황을 찾으면, 이는 앞으로 **고민을 도와주는 문제해결사** 활동을 할 때 사용할 수 있는 자료가 되므로 가능한 많은 상황을 생각해 보도록 격려한다. 장단점을 생각할 때 도움이 되는 질문들은 워크북을 참고할 수 있다.

문제해결사를 연습하기

이번 시간은 **문제해결사**를 다루는 두 번째 회기로, 상담과 관련한 문제를 해결하는 연습을 한다. 상담 과정 중에 생긴 문제는 상담자와 아동이 잘 알 수 있고 생생한 주제여서 문제해결을 연습하기가 아주 좋다. 아동은 여러 가지 상황에 **문제해결사**를 응용할 수 있다는 것을 배울 수 있고, 상담자는 상담에 방해가 되는 문제들을 해결하는 데 도움이 된다.

목표

- 문제해결기술을 상담에서 발생한 문제에 적용하는 연습을 통해 문제를 해결하는 성공 경험을 한다.
- 생각을 직접 소리 내어 말하는 활동을 통해 문제해결 과정을 연습한다.

한 주 동안의 기분을 기분온도계에 기록한다. 기분이 아주 좋았던 날이나 아주 나빴던 날을 포함하여 한 주 동안의 평균적인 기분을 표시한다. 지난 시간과 이번 시간의 기분온도계 점수가 차이가 있는지를 점검한다. 지난 시간에 비해 기분온도계 점수가 높아졌다면 어떤 활동이나 무엇 때문인지를 확인한다. 기분온도계의 점수 차이가 없거나 더 낮아졌다면 그 이유를 알아본다.

지난 회기의 요약

지난 시간에는 문제를 해결하는 데 도움이 되는 **문제해결사**에 대해서 배웠다. 문제해결사는 5가지 단계로 이루어져 있는데 아동이 5가지 단계를 기억하고 있는지 질문한다. 아동이 기억하기 쉽도록 문제해결사는 5단계의 첫 글자로 만들어졌다는 것을 알려 준다.

연습과제 점검

지난 주 연습과제인 **문제해결사가 필요해**를 아동과 함께 살펴본다. 한 주간 아동이 기분이 나빴거나 문제해결이 필요하다고 느꼈던 사건 목록들을 보고 문제라고 생각했던 기준이 어떤 것이었는지 점검한다. 만약 아동이 문제 상황을 지나치게 간략하거나 추상적으로 적었다면 상담자와 함께 좀 더 구체화시킨다. 문제를 구체화시키면 문제해결 방안을 찾기가 수월하므로 다음 회기에 **고민을 도와주는 문제해결사**를 하는 데 도움이 된다. 보상제도를 시행한다면 즐거운 달력에 사인을 한다. 연습과제를 해오지 않았다면, 이번 회기 활동 4에서 이 문제를 직접 다룬다.

운찬이의 문제해결사

아동에게 이번 시간에는 상담시간에 있었던 상황에 **문제해결사**를 사용해 볼 것이라고 얘기한다. 운찬이의 예를 제시한다. 운찬이는 상담실이 멀어서 차를 타고 오는 시간이 긴데, 그 시간이 지루하고 재미 없다. 아동에게도 비슷한 경험이 있었는지를 묻고 만약 있다고 대답한다면, 아동은 어떻게 문제를 해결했는지 묻는다. 워크북에서 제시한 내용 외에 5번에는 아동이 스스로 생각한 해결방법과 장단점을 생각해서 기록한다. 제시한 예와 아동의 방법을 종합해서 최선의 방법을 결정하고 결정한 방법을 사용했을 때의 결과를 예상해 본다. 아동이 어려워하면 상담자가 예를 들어준다.

예:• 결 − 엄마도 심심한 것 같다. 엄마한테 끝말잇기를 하자고 해보자.

　• 사 − 시간이 금방 지나가서 좋았다. 하지만 끝말잇기를 오래 하니까 나중에는 재미가 없었다. 다음에는 영어 단어 외우기 숙제도 가져와서 해봐야겠다.

슬기의 문제를 해결해요

이번에는 슬기의 문제를 소개한다. 슬기는 상담 연습과제를 가끔 하지 못한다. 연습과제를 하지 못하는 이유는 자꾸 잊어버려서이다. 연습과제를 못하면 약속한 보상을 받을 수 없어 기분이 좋지 않다.

① 상담 연습과제를 해오지 않는 경우는 종종 생기는 문제이다. 연습과제를 못했다는 것을 문제로 정의하면 상황이 모호하여 해결방법을 찾기 어렵다. 연습과제를 해오지 않는 다양한 이유가 있고(예를 들어 학교 숙제가 너무 많아서, 어떻게 해야 할지 몰라서, 연습과제가 재미가 없어서 등) 슬기의 예처럼 원인을 포함하여 문제가 무엇인지 정하면 해결이 수월해진다. 아동이 슬기처럼 연습과제를 안 해온 적이 있었다면 이유가 무엇이었는지를 간단히 물어본다. 실제 상담과정

중에 해결해야 할 문제라면 활동 4에서 다룬다.

② 아동이 다양한 해결방법을 생각하도록 격려한다. 아동이 생각하기 어려워할 경우 상담자가 예를 들어 줄 수 있다. 하나의 정답만 있는 것이 아니므로 다양한 생각을 해보도록 격려한다.

예: 엄마에게 알려달라고 부탁한다.

   잘 보이는 곳에 메모를 붙여 놓는다.

   손바닥에 써 놓는다.

   연습과제를 하기로 계획한 날짜, 시간에 알람을 맞춰 놓는다.

③ 해결방법의 장단점을 생각해 본다. 상담자가 예를 들어줄 수 있다.

④ 아동에게 최선의 방법이 어떤 것일지 결정하도록 한다. 결정한 방법을 실행해 보고 그 결과가 어떨지 예상해 본다.

장점	단점

1. 내가 신경 쓰지 않아도 된다.
   연습과제할 때 도움도 얻을 수 있다.
	1. 엄마가 잊어버릴 수 있다.
	   엄마의 잔소리를 듣는다.

2. 머릿속에 떠올리기 쉽다.	2. 외출해서 붙여놓은 메모를 안 볼 수도 있는데 그러면 잊어버린다.
3. 외출해서도 항상 볼 수 있다.	3. 손을 닦으면 지워져버린다.
4. 잊지 않을 수 있다.	4. 다른 일을 하고 있어서 알람이 울려도 바로 연습과제를 못할 수 있다.

활동 4 상담을 도와주는 **문제해결사**   워크북 91쪽

이번에는 상담 과정 중에 있었던 아동의 실제 사례를 찾아서 해결해 본다. 아동에게 상담하는 동안 상담자와 함께 해결해야 할 문제는 어떤 것이 있었는지 질문한다. 아동이 되도록 많은 대답을 하도록 촉진하는데 아동이 말한 주제 중에서 하나만 선택할 것이

라고 한다. 상담 과정 중 문제해결이 필요한 상황으로는 연습과제를 해오지 않는 것, 워크북이나 연습과제를 안 갖고 오는 것, 워크북 기록을 힘들어하는 것, 상담시간을 지키지 못하는 것, 정해진 상담 주제 외에 다른 얘기나 활동을 하고 싶은 것 등이 있다. 상담자도 문제라고 생각하거나 우선 해결할 필요가 있는 문제를 논의하여 선택한다. 문제를 정의할 때 너무 모호하다면 활동 3에서처럼 문제를 구체화시킨다. 어떤 문제 상황은 아동과 상담자만으로는 해결하기 어려운 것이 있다. 예를 들어 상담시간에 지각하는 것이 함께 오는 부모님 때문이라면 부모의 협조가 필요하다. 해결방법을 찾을 때 아동이 잘 찾아내지 못한다면 상담자가 도움을 준다.

활동 5) 말하는 문제해결사 워크북 92쪽

준비물: 젠가게임 또는 500원, 100원, 50원짜리 동전 2개씩(또는 병뚜껑)

지난 회기에는 상담자가 문제해결 과정을 소리 내어 말하는 것을 아동에게 시범을 보였다면, 이번 회기에는 아동이 자신의 문제해결 과정을 소리 내어 말하는 것을 연습한다. 지난번과 같은 게임을 선택한다. 다른 게임을 할 수도 있으나 익숙한 놀이를 하면 아동이 자신의 생각을 말하기가 좀 더 수월할 수 있다.

　　　예: 젠가게임- 번갈아 가면서 나무막대기를 빼낸다. 나무 탑을 쓰러뜨리는 사람이 진다.

　　　예: 동전게임- 500원, 100원, 50원짜리 동전을 2개씩 준비하여 한 사람당 1개씩 3개의 동전을 갖는다. 책상 네 모서리 중 한 곳에서 손가락으로 동전을 튕겨 책상 가장자리에 가장 가까이 멈추게 하는 사람이 이기는 게임이다.

　　　놀이를 진행하며 자신의 차례가 되면 머릿속에서 일어나는 문제해결 과정을 소리 내어 말한다. 먼저 상담자가 자신의 차례에 생각을 소리 내어 말하는 것을 보여주고 아동도 자신의 차례에서 말할 수 있도록 격려한다. 아동이 말로 표현하는 것을 어려워한다면, 상담자는 아동의 문제해결 과정을 관찰해서 소리 내어 말한다. 스쳐지나가는 생각이라도 다 말하도록 격려한다. 상담자는 "지금 OO의 문제는 뭐지?", "어떤 해결방법이 있을까?"라고 질문해서, 아동이 문제해결 과정을 말하도록 촉진할 수 있다. 아동이 자신의 차례에서 게임에서 이기기 위한 전략을 말한다면 상담자는 아동에게 지금 **문제해결사**를 사용하고 있다고 피드백을 준다.

게임이 마무리되면 아동이 게임에서 이기거나 진 이유를 문제해결의 관점에서 논의한다. 아동이 사용한 해결방법 중 장점은 무엇이었는지, 단점은 무엇이었는지를 이야기한다. 상담자도 자신의 문제해결 과정 중의 장단점을 이야기한다. 우리가 게임을할 때 이기려고 여러 가지 방법을 찾는 것도 **문제해결사**를 사용하는 과정이라고 알려준다. 게임뿐 아니라 아침에 신을 양말을 고르는 일상생활의 선택에서도 **문제해결사**를 이용하고 있다고 알려준다. 만약 우리가 해결해야 하는 중요한 문제가 있을 때 **문제해결사** 단계 하나하나에 좀 더 집중하면, 즉 다양한 문제해결 방법을 찾고 장단점을 따져 결정하면 더 나은 결과를 가져올 수 있다고 강조한다.

연습과제 문제해결사가 필요해 워크북 93쪽

이번 회기에도 한 주 동안 가정이나 학교에서 생긴 문제 중 **문제해결사**가 필요한 예를 찾아서 적는다. 되도록 많은 문제를 구체적으로 적도록 격려한다.

문제해결사가 되기

이번 시간은 **문제해결사**를 다루는 세 번째 회기로 일상생활에서 부딪히는 문제들에 **문제해결사**를 적용하는 연습을 통해 문제해결에 대한 숙달감을 경험한다.

목표

- 문제해결기술을 실생활에서 아동이 겪는 문제에 적용하는 연습을 통해 문제를 해결하는 성공 경험을 한다.
- 문제해결기술이 기분을 조절하는 데 도움이 된다는 것을 경험한다.

기분온도계

한 주 동안의 기분을 기분온도계에 기록한다. 기분이 아주 좋았던 날이나 아주 나빴던 날을 포함하여 한 주 동안의 평균적인 기분을 표시한다. 지난 시간과 이번 시간의 기분온도계 점수가 차이가 있는지를 점검한다. 지난 시간에 비해 기분온도계 점수가 높아졌다면 어떤 활동이나 무엇 때문인지를 확인한다. 기분온도계의 점수 차이가 없거나 더 낮아졌다면 그 이유를 알아본다.

지난 회기의 요약

문제해결사의 5단계를 기억하고 있는지 문제해결사의 첫 글자를 불러주면서 확인한다. 지난 시간에는 문제해결사를 사용해서 상담시간에 있었던 문제를 해결했고 말하는 문제해결사가 되어 머릿속의 문제해결 과정을 직접 말하는 연습을 했다.

연습과제 점검

한 주간 아동이 기록한 문제 목록인 문제해결사가 필요해를 아동과 함께 살펴본다. 아동이 문제를 구체적으로 기술했는지가 중요하다. 구체적으로 기술하지 않았다면 아동에게 문제를 설명해 달라고 요청하여 문제를 구체화한다. 아동이 연습과제를 해오지 않았다면 활동 3에서 이를 꼭 다룬다. 과제를 해왔고 보상제도를 시행한다면 즐거운 달력에 사인을 한다.

슬기의 문제해결사

슬기의 예를 제시한다. 슬기는 짝이 학용품을 허락도 받지 않고 자꾸 가져가서 화가 난다. 워크북에서 제시한 내용 외에 5번에 아동 스스로 해결방법과 장단점을 생각해서 기록한다. 제시한 예와 아동의 방법을 종합해서 최선의 방법을 결정하고 결정한 방법을 사용했을 때의 결과를 예상해 본다. 아동이 어려워하면 상담자가 예를 들어준다.

예: • 결 – 다른 방법은 짝이 기분 나빠할 수 있으니까 3번을 사용해 보자.

• 사 – 짝이 알겠다고 해놓고 또 그냥 가져갔다. 그래서 그냥 가져가면 화가 난 다고 얘기했다. 하지만 짝이 기분 나빠할 수 있는 말은 하지 않았다.

활동 3 　고민을 도와주는 문제해결사　　　워크북 98쪽

지난 두 회기 동안 작성한 **문제해결사가 필요해**를 참고한다. 목록 중에서 아직 해결하지 못한 문제를 하나 선택해서 **문제해결사**를 적용하는 연습을 한다. 문제를 선택할 때, 아동 혼자만의 힘으로는 해결하기 어렵거나 해결에 오랜 시간이 소요되는 문제는 선택하지 않는다.

활동 4 　재미있게 도와주는 문제해결사　　　워크북 99쪽

준비물: 바둑판과 바둑알 또는 워크북 부록 5의 모눈종이[6]와 색연필

지난 두 회기의 게임 활동을 통해 매번 선택의 순간 문제해결 과정이 일어나고 있다는 것을 배웠다. 이번 시간에는 머릿속의 문제해결 과정을 소리 내어 말하지 않으면서도 이를 자각하는 것을 연습한다. 젠가나 오목처럼 매번 선택을 해야 하는 게임을 고른다. 놀이의 규칙을 정하고 규칙에 따라 게임을 진행한다.

예: 오목 게임 – 바둑판에 가로나 세로 또는 대각선으로 같은 색 바둑알 다섯 개를 일렬로 먼저 놓으면 이긴다. 모눈종이를 이용하는 경우, 모눈종이에 바둑알 다섯 개를 일렬로 먼저 그려 놓으면 이긴다.

6　사회평론 홈페이지(www.sapyoung.com) 아카데미 자료실에서 다운로드 받을 수 있습니다.

오목 게임이 끝난 뒤, 오목을 하면서 **문제해결사**를 사용한 또는 필요했던 상황을 이야기한다. 아동이 문제를 찾지 못한다면 오목에서 이기거나 지는 데 영향을 준 결정적인 순간이 **문제해결사**가 필요한 상황이라고 알려준다. 도움이 더 필요하다면 상담자가 발견한 아동의 문제 상황을 말해준다. 문제를 찾았다면 아동이 그 문제를 어떻게 해결했는지도 함께 이야기한다. 아동이 오목에서 이겼다면 "어떻게 해서 이겼지?", 아동이 졌다면 "그 때 어떻게 하면 이겼을까?"라는 질문이 도움이 된다. 아동이 사용한 문제해결 방법 외에 다른 어떤 방법이 있을지도 찾아보고 각각의 장단점을 따져본다. 아동이 오목 게임에서 **문제해결사**를 적용한 것을 격려해 준다.

연습과제 문제해결사가 되기   워크북 100쪽

한 주 동안 일상생활에서 생긴 문제 한 가지를 골라 워크북에 기록한다. 연습과제를 하는 데 예상되는 어려움을 다룬다. 예를 들어 문제 상황을 찾기 어려우면 연습과제였던 **문제해결사가 필요해**를 이용할 수 있다. 문제해결 방법을 찾을 때는 옳고 그른 것을 미리 정하지 말고 가능한 다양한 해결책을 떠올려 보는 것이 중요하다는 것을 다시 한 번 강조한다. 장단점을 생각할 때는 워크북에 있는 도움이 되는 질문을 활용하라고 말한다.

생각 바꾸기: 더 안 좋다

우울한 사람들은 자기 자신과 자신의 경험, 타인이나 세상, 미래에 대해 부정적이고 비관적으로 해석하는 경향이 있다. 부정적인 사건은 내적이고 지속적인 요인에 원인을 돌리는 반면, 긍정적인 사건은 외적이고 상황적인 요인에 귀인을 한다. 부정적인 사건을 경험하였을 때 반대 증거가 있음에도 부정적인 결과를 예상하고 일반화하며, 긍정적인 사건은 무시하거나 금방 잊어버리고 부정적인 경험을 더 잘 떠올리는 경향을 보인다(Friedberg & McClure, 2002/2007).

생각 바꾸기는 부정적으로 왜곡된 생각을 좀 더 현실적인 생각으로 바꾸는 인지 재구조화에 해당한다. 생각 바꾸기는 3회기로 구성되어 있다. 이번 회기에는 생각이 왜 중요한지, 부정적인 생각이 무엇인지, 부정적인 생각이 우울한 기분에 어떤 영향을 미치는지에 대해 배운다.

목표

- 생각은 기분과 행동에 영향을 주기 때문에 우울한 기분을 조절하는 데 생각이 중요하다는 것을 배운다.
- 부정적인 생각은 나와 다른 사람과 세상에 대해서 실제보다 더 안 좋다고 생각하는 것임을 이해한다.
- 부정적인 생각의 대표적인 예인, 더, 안, 좋, 다를 배운다.

기분온도계

한 주 동안의 기분을 기분온도계에 기록한다. 기분이 아주 좋았던 날이나 아주 나빴던 날을 포함하여 한 주 동안의 평균적인 기분을 표시한다. 지난 시간과 이번 시간의 기분온도계 점수가 차이가 있는지를 점검한다. 지난 시간에 비해 기분온도계 점수가 높아졌다면 어떤 활동이나 무엇 때문인지를 확인한다. 기분온도계의 점수 차이가 없거나 더 낮아졌다면 그 이유를 알아본다.

지난 회기의 요약

지난 시간에는 실생활에서 겪는 문제에 **문제해결사**를 적용하는 연습을 했다.

연습과제 점검

지난 회기 과제인 **문제해결사**가 되기를 점검한다. 과제를 해오지 않았다면 이유를 탐색하고 **문제해결사**를 적용하여 해결방법을 찾는다. 다음 회기에도 연습과제를 하면서 같은 문제가 생긴다면 선택한 해결방법을 실행해 보도록 격려한다. 다른 이유로 연습과제를 하는 데 어려움이 생긴다면 **문제해결사**를 적용해 볼 것을 격려한다. 보상제도를 시행한다면 즐거운 달력에 사인을 한다.

　문제해결사를 사용했음에도 문제가 해결되지 않았다면 아동은 **문제해결사**가 도움이 되지 않는 기술이라고 생각할 수 있다. 상담자는 문제해결이 되지 않은 이유를 검토하고 이를 다루어야 한다.

- 문제를 해결할 수 있는 적절한 방법이 아니었던 경우: 상담자와 아동이 창의성을 발휘하여 새로운 해결방법을 찾아본다. 새로운 해결방법이 도움이 되는지, **문제해결사** 자체가 도움이 되지 않는지 다음 상담시간까지 새로운 해결방법을 사용해 보고 확인을 하자고 제안한다.
- 아동의 인지 왜곡으로 인해 문제해결 성과의 긍정적 의미를 축소하거나 부정적 의

미를 확대해석하는 경우: 연습과제 점검 시간에 다루지 말고 활동 5 더 안 **좋다**는 생각에서 다룬다.

- 해결방법은 좋았지만 사회기술이 부족해서 실행 과정에서 문제가 있었던 경우: 부족한 사회기술이 무엇이었는지 살펴보고 역할극으로 사회기술을 연습한다. 필요하다면 **자신감 있는 나** 또는 **듣고 말하는 나** 회기에서 연습한 행동조절기술을 좀 더 연습한다.

- 우울해서 불평하는 것이라면: 아동의 감정을 공감해주되 불평의 내용에는 동의하지 말고 활동 5에서 이를 다룬다.

- 아동 혼자의 힘으로는 해결하기 어려운 문제인 경우: 부모의 협력이 필요한 문제인지 검토한다. 부모의 협력이 필요하고 부모가 동의한다면 아동에게도 동의를 구해 부모, 아동과 함께 이 문제에 **문제해결사**를 적용한다. 또는 상담자가 부모와 면담시간을 갖고 이 문제를 다룬다. 부모의 협력을 얻을 수 없다면 앞서 배운 기분을 나아지게 하는 행동조절기술을 연습할 기회로 삼는다.

활동 2 생각이 왜 중요할까? 워크북 103쪽

슬기 가족이 펑펑 내리는 눈을 보면서 각자 다른 생각을 하고 있는 예를 제시한다. 눈이 오는 것에 대해 가족이 각자 다른 생각을 했고, 생각에 따라 기분과 행동이 달라진 점을 설명한다. 아동은 펑펑 내리는 눈을 보면서 어떤 생각을 했었는지, 당시의 기분이 어땠는지 이야기한다. 아동의 가족이나 친구들은 눈을 보면서 어떤 생각을 할지 물어본다.

생각이 먼저!

슬기의 예를 들어 슬기의 기분과 행동이 왜 다른지 토론한다. 우리가 우울한 기분을 느끼는 것은 먼저 생각이 있었기 때문이다. 우리를 우울하게 만드는 생각은 주로 부정적인 생각들이다. 그 생각을 바꾼다면 우리의 기분과 행동이 달라질 수 있음을 설명한다. 앞으로 생각을 찾아내는 연습을 할 것임을 설명한다.

부정적인 생각이란?

준비물: 검은 선글라스, 무지개 그림이나 사진

아동에게 무지개 그림이나 사진을 제시한다. 검은 선글라스를 끼고 무지개의 색깔을 봤을 때와 선글라스를 벗고 봤을 때 색깔이 어떻게 달라 보이는지 이야기한다. 검은 선글라스를 끼고 봤을 때 실제의 색깔보다 어둡게 보이는 점을 강조한다. 부정적인 생각이란 사실과 조금, 때로는 크게 다른 생각이라고 설명한다. 우리는 우울해지면 검은 선글라스를 끼고 세상을 보는 것 같이 부정적인 생각을 한다고 말한다.

우리가 흔히 하는 부정적인 생각의 대표적인 예인 **더 안 좋다**를 소개한다. **더 안 좋다**라는 약자의 개념을 이해할 수 있도록 설명한다. 각각의 부정적인 생각에 해당하는 인지적 오류는 상담자가 참고하되 아동은 이해하기 어려우므로 설명하지 않아도 된다.

- **더 나쁘게 생각하기**: 실제보다 더 나쁘게 과장해서 생각하기. 한두 번의 사건에 근거해서 일반적인 결론을 내리는 과잉일반화, 사건에 대해 이분법적으로 생각하는 흑백 논리적 사고의 오류가 이에 해당한다.
- **안 될 거야라고 생각하기**: 결과가 나쁠 거라고 예상하기. 미래에 일어날 수 있는 여러 가지 가능성은 무시하고 미래를 단정 짓는 예언하기의 오류에 해당한다.
- **좋은 면을 무시하기**: 좋은 면은 무시하고 나쁜 면에만 주의를 기울이기. 부정적인 면을 과장하고 긍정적인 면은 축소하는 과장하기/축소하기의 오류에 해당한다.

- **다 내 탓이야라고 생각하기**: 나쁜 일이 생기면 다 내 탓이라고 자신을 비난하기. 부정적인 사건에 영향을 미친 다른 원인들은 생각하지 않고 자신만 비난하는 것으로 귀인의 오류, 개인화의 오류에 해당한다.

활동 5   더 안 좋다는 생각

활동 5를 시작하기 전에 아동이 더, 안, 좋, 다 각각의 개념을 기억하고 있는지 점검한다(예를 들어 "더는 무엇을 뜻하지?"). 아동의 이해를 돕기 위해 4가지 부정적인 생각에 해당하는 예를 제시한다. 다음 페이지에서 각 생각이 더, 안, 좋, 다 중 무엇에 해당하는지 표시한다. (정답: 순서대로 다, 좋, 안, 더)

아동의 답이 정답과 다르다면 그렇게 생각한 이유를 물어본다. 그 이유가 타당하다면 "그렇게 생각할 수도 있겠구나"라고 아동의 생각에 대해 지지한다. 어떤 부정적인 생각들은 두 가지 이상의 오류에 해당할 수 있다고 설명한다. 예를 들어 방학이 일주일 남은 상황에 대해 "방학 동안 한 일이 하나도 없어"라는 생각은 좋은 면을 무시하기에 해당하지만 더 나쁘게 생각하기에도 해당한다. 상담자가 적절한 답을 설명해 준다.

이 활동에서 가장 중요한 것은 더, 안, 좋, 다는 생각들이 현실적이지 않은 부정적인 생각임을 아는 것이다. 아동이 '현실적이지 않은'이라는 용어를 이해하지 못하면 아동의 이해 정도에 맞춰 사실과 다른, 실제와 다른, 다른 가능성도 있는, 틀릴 수도 있는 등으로 설명한다.

연습과제   더 안 좋다는 생각을 찾아라

워크북 109쪽

한 주 동안 부정적인 기분을 느꼈던 상황을 떠올리고 그 상황에서 무슨 생각을 했는지 기록하고 당시의 기분을 기분온도계에 표시한다. 연습과제를 하는 데 예상되는 어려움에 대해 다룬다. 자신의 생각을 **더 안 좋 다**로 분류하는 것이 아직 어려울 수 있다. 연습과제는 부정적인 기분을 느꼈던 상황에서 무슨 생각을 했는지를 찾는 것에 초점을 둔다. 부정적인 기분을 느꼈던 상황과 부정적인 생각에 주의를 기울이는 것은 아동의 기분을 약간 우울하게 할 수 있다. 연습과제를 하면서 우울한 기분이 든다면 행동조절기술을 사용하거나 **문제해결사**를 사용하라고 격려한다.

생각 바꾸기: 더 안 좋다는 생각 찾기

이번 시간은 부정적인 생각을 다루는 두 번째 회기로 아동 자신의 부정적인 생각을 찾는 연습을 한다. 부정적인 사건을 경험할 때 우리는 그 경험이 갖는 의미에 대해 해석을 하지만 순간 스쳐지나가 인식하지 못하는 경우가 많다. 부정적인 생각을 찾는 가장 좋은 방법은 기분이 부정적으로 변화할 때 그 순간의 자동적 사고를 포착하는 것이다. 아동들 역시 우울한 기분을 느꼈을 때 자신이 어떤 부정적인 생각을 했는지를 인식해야 한다.

목표

- 지난 회기에 배운 부정적인 생각인 **더 안 좋다**는 생각을 아동의 생각에 적용해 본다.
- 아동이 우울한 기분을 느꼈을 때 어떤 부정적인 생각을 하는지 찾는 연습을 한다.

기분온도계

한 주 동안의 기분을 기분온도계에 기록한다. 기분이 아주 좋았던 날이나 아주 나빴던 날을 포함하여 한 주 동안의 평균적인 기분을 표시한다. 지난 시간과 이번 시간의 기분 온도계 점수가 차이가 있는지를 점검한다. 지난 시간에 비해 기분온도계 점수가 높아 졌다면 어떤 활동이나 무엇 때문인지를 확인한다. 기분온도계의 점수 차이가 없거나 더 낮아졌다면 그 이유를 알아본다.

지난 회기의 요약

지난 시간에는 부정적인 생각은 나와 다른 사람과 세상에 대해서 실제보다 **더 안 좋다** 고 생각하는 것이며, 부정적인 생각은 기분을 우울하게 한다는 것을 배웠다. 부정적인 생각의 예를 약자로 구성한 **더 안 좋다**가 뜻하는 것을 기억하는지 점검한다.

연습과제 점검

지난 주 연습과제인 **더 안 좋다**는 생각을 찾아라를 아동과 함께 살펴본다. 아동이 부정 적인 생각을 적절히 찾아내지 못했더라도 아동의 노력을 칭찬하고 이번 회기에 부정 적인 생각 찾기를 더 연습할 것임을 알려준다. 아동이 과제를 해오지 않았다면, 아동이 한 주 동안 기분이 나빴던 상황을 떠올려보고 그 상황에서의 부정적인 생각을 함께 찾 아본다. 보상제도를 시행한다면 즐거운 달력에 사인을 한다.

더 안 좋다는 내 생각 찾기 1

활동 2의 활동지에는 아동이 흔히 경험할 수 있는 부정적 사건들을 제시하였다. 아동 이 실제로 그런 일을 겪는다면 어떤 생각이 떠오를지, 기분과 행동은 어떨지 이야기하 고 기록한다. 어떤 아동은 생각을 구체화하지 못할 수 있다. 예를 들어 친구들이 나를 힐끔거리면서 수군거리고 있는 상황에서 "쟤네들 뭐야"라는 생각을 말할 수 있다. 하향 화살표 기법을 활용하여 "그 생각은 너에 대해 뭘 의미할까?"라는 질문으로 생각을 더 찾아낼 수 있도록 돕는다. 아동 자신에 대한 생각을 명확히 하기 위해 다음과 같이 질문할 수 있다.

> 예: "쟤네들 뭐야"
>
> 상담자 : "쟤네들 뭐야"라는 생각은 어떤 뜻이니?
>
> 아　동 : "쟤네들 내 욕하는 거 아니야?" 이런 생각이 들어요.
>
> 상담자 : 아이들이 네 욕을 하는 거라면 그건 너가 어떻다는 뜻이니?
>
> 아　동 : 내가 뭘 잘못했나?
>
> 상담자 : 네가 잘못한 게 있다는 건 뭘 의미하는 것 같니?
>
> 아　동 : 아이들이 절 싫어할 것 같아요.

아동이 기록한 생각이 **더, 안, 좋, 다** 중 무엇에 해당하는지 표시한다.

（활동 3） 더 안 좋다는 내 생각 찾기 2　　　　워크북 114쪽

워크북 부록 6의 문장완성 카드[7]를 잘라서 사용한다. 카드 내용은 10~15세의 아동·청소년들이 경험하는 상황을 기술한 것이다. 상담자가 판단하기에 내담자에게 적절하지 않은 카드 내용이 있다면 그 카드는 미리 빼고 사용한다. 문장완성하기 게임 방법은 다음과 같다.

① 자른 카드를 섞은 후 내용이 보이지 않도록 뒤집어 쌓아 놓는다. 한 사람씩 돌아가면서 카드에 적힌 글을 소리 내어 읽고 비어 있는 밑줄 부분을 완성하여 말한다. 맨 처음 떠오르는 생각을 말하는 것이 중요하다.

② 말한 생각이 **더 안 좋다**는 생각에 해당한다면 **더 안 좋다**고 외친다. 자신이 말하

7　　사회평론 홈페이지(www.sapyoung.com) 아카데미 자료실에서 다운로드 받을 수 있습니다.

든 상대방이 말하든 상관없이 **더 안 좋다**를 외칠 수 있다. 빨리 외친 사람에게 **더 안 좋다** 중 무엇에 해당하는지 말할 수 있는 기회가 주어진다. 맞는 분류를 말하면 점수를 받을 수 있다.

문장완성 카드의 내용은 대부분 부정적인 생각을 유발할 수 있는 상황으로 제시되어 있다. 하지만 때로는 부정적인 생각을 말하지 않을 수 있다. 긍정적이든 부정적이든 스쳐가는 생각을 말한다. 단 부정적인 생각을 말했을 때에만 **더 안 좋다**고 외친다. 아동이 맞힐 수 있는 기회가 많도록 상담자가 부정적인 생각을 말해주는 것이 좋다.

아동이 더, 안, 좋, 다 라고 분류를 한 것이 상담자의 생각과 다르다면 아동에게 그렇게 생각한 이유를 묻는다. 아동의 설명이 타당하다면 점수를 준다. 어떤 생각은 두 가지 이상의 분류에 해당할 수도 있기 때문이다.

(**활동 4**) 내 생각을 찾아라　　　　　　　　　워크북 115쪽

자동차를 타고 가다가 스쳐 지나간 식당의 이름을 기억하기 어렵듯이 우리의 생각은 빠르게 스쳐지나가기 때문에 알아채지 못하는 경우가 많은 점을 설명한다. 따라서 자신의 생각을 알아채기 위해서는 반복적인 연습이 필요하다는 것을 강조한다.

첫 페이지는 드라마 작가처럼 슬기의 상황, 행동, 기분, 표정, 생각 등을 묘사한 내용이다. 슬기의 부정적인 생각을 찾아서 밑줄을 그어 보고 더, 안, 좋, 다 중 무엇에 해당하는지 이야기한다. 예를 들어, '큰일 났다', '아, 망했다'는 더, '어차피 다 못할 거야'는 안, '몇 개 해 봤자 다 못해 가면 혼날 텐데'는 좋에 해당할 수 있다. 아동의 분류가 상담자의 생각과 다르다면 아동에게 그렇게 생각한 이유를 묻는다. 어떤 생각은 두 가지 이상의 분류에 해당할 수도 있다.

다음 페이지에서는 아동이 직접 상황을 묘사하여 생각을 찾는 연습을 한다. 부정적인 기분, 가능하다면 우울한 기분이 들었던 상황 한 가지를 정한다. 지난 주 연습과 제나 활동 1에서 얘기한 상황을 선택할 수도 있고, 활동 2, 3에 제시한 상황 중에서 아

동이 경험했던 상황을 선택할 수도 있다. 단, 상황을 자세히 묘사하기 위해서 아동이 직접 경험한 상황을 선택한다. 예시처럼 시간의 흐름에 따라 상황, 행동, 기분, 표정, 생각 등을 자세히 묘사한다. 자신이 드라마 작가가 되었다고 상상해 보도록 격려한다. 기록한 내용 중 부정적인 생각에 해당하는 부분을 밑줄 치고, 더, 안, 좋, 다 중 무엇에 해당하는지 이야기한다.

연습과제) 더 안 좋다는 생각을 구별하기 워크북 117쪽

한 주 동안 부정적인 기분을 느꼈던 상황을 떠올리고 그 상황에서 무슨 생각을 했는지 기록하고 당시의 기분을 기분온도계에 표시한다. 자신의 생각이 더, 안, 좋, 다 중 무엇에 해당하는지도 표시한다. 아동이 자신의 **더 안 좋다는** 생각을 인식하기 위해서는 충분한 연습이 필요하므로 가능한 한 부정적 생각을 많이 찾아볼 것을 권한다.

연습과제를 하는 데 예상되는 어려움에 대해 다룬다. 더, 안, 좋, 다를 구별하기 어려워하면 우선은 부정적인 생각을 찾는 것이 중요하며 가장 가깝다고 생각하는 분류를 선택하도록 격려한다. 연습과제를 하면서 우울한 기분이 든다면 행동조절기술을 사용하거나 **문제해결사**를 사용하라고 격려한다.

생각 바꾸기: 새 친구 탐정

이번 시간은 부정적인 생각을 다루는 세 번째 회기이다. 아동은 증거에 근거해서 부정적인 생각을 평가하고 이를 토대로 좀 더 현실적으로 생각하는 법을 배운다. 현실적으로 생각하는 과정은 탐정이 증거를 찾아서 사건을 해결하는 과정과 유사하다. 새 친구 탐정은 나와 다른 사람과 세상에 대한 **더 안 좋다**는 생각을 좀 더 현실적인 생각으로 바꿈으로써 부정적인 사건과 우울에 대처할 수 있게 한다.

목표

- 자신의 생각이 객관적인 사실에 근거한 현실적인 생각인지를 평가하는 방법을 배운다.
- 부정적인 생각인 **더 안 좋다**는 생각을 증거에 근거해서 좀 더 현실적인 생각으로 바꾸는 방법을 배운다.
- 부정적인 생각을 현실적인 생각으로 바꾸었을 때 기분이 변화하는 것을 경험한다.

활동 1 기분온도계   워크북 120쪽

한 주 동안의 기분을 기분온도계에 기록한다. 기분이 아주 좋았던 날이나 아주 나빴던 날을 포함하여 한 주 동안의 평균적인 기분을 표시한다. 지난 시간과 이번 시간의 기분 온도계 점수가 차이가 있는지를 점검한다. 지난 시간에 비해 기분온도계 점수가 높아졌다면 어떤 활동이나 무엇 때문인지를 확인한다. 기분온도계의 점수 차이가 없거나 더 낮아졌다면 그 이유를 알아본다.

지난 회기의 요약

지난 시간에는 부정적인 생각, 즉 **더 안 좋**다는 생각을 찾는 방법을 배웠다. 빠르게 스쳐지나가는 생각을 알아채는 것은 어려운 일이지만 기분이 우울해질 때가 **더 안 좋**다는 생각을 찾는 단서가 된다.

연습과제 점검

지난 주 연습과제인 **더 안 좋**다는 생각을 구별하기를 아동과 함께 살펴본다. 아동이 부정적인 생각을 기록했지만 **더, 안, 좋, 다**로 분류하지 못하였거나 잘못 분류했다면 함께 검토한다. 아동의 노력을 칭찬한다. 아동이 과제를 해오지 않았다면 이유를 탐색하고 문제해결을 시도한다. 또는 아동이 한 주 동안 기분이 나빴던 상황을 떠올려보고 그 상황에서의 부정적인 생각을 찾아 기록한다. 보상제도를 시행하면 즐거운 달력에 사인을 한다.

활동 2 새 친구 탐정   워크북 121쪽

아동의 경험 중에 결과가 나쁠 것이라고 예상했는데 실제로는 그렇지 않았던 경우가 있는지 질문한다. 아동이 생각하기 어려워할 경우에는 상담자의 경험, 또는 상담자가

알고 있는 아동의 예를 들어준다.

예: 영화가 재미없을 거라고 생각했는데 생각보다 재미있었다.

뜀틀을 못 넘을 거라고 생각했는데 넘을 수 있었다.

발표할 때 실수해서 친구들이 놀릴 거라고 생각했는데 그냥 웃고 넘어갔다.

어떤 생각이 든다고 해서 그 생각이 사실을 뜻하는 것은 아님을 설명한다. 지구가 둥글다는 것은 모두가 아는 사실이지만, 오랜 옛날에는 지구가 네모라고 생각했던 것처럼 생각이 사실이 아닐 수도 있다.

부정적인 생각을 좀 더 현실적인 생각으로 바꾸기 위해서는 생각의 증거를 찾아내어 내 생각이 사실인지를 알아보는 것이 필요하며, 이는 탐정처럼 생각하는 과정과 비슷함을 설명한다. 아동이 좋아하는 탐정이 있는지, 탐정이 무슨 일을 하는지 물어본다. 명탐정 코난이나 셜록 홈즈처럼 탐정은 사건 현장을 관찰하고 증거를 찾아내어 사건을 해결하는 사람임을 설명한다. 더 **안 좋다**는 검은 선글라스를 벗고 나, 다른 사람, 세상을 환하고 정확하게 보여주는 **새 친구 탐정**의 안경을 쓰고 바라보는 연습을 할 것임을 설명한다. **새 친구 탐정**을 소개한다.

- **새**   새롭게 생각해보자. 다르게 생각할 수 있을까? 우울한 아동은 부정적인 생각에 빠져 쉽게 벗어나지 못하는 경우가 있다. 상황을 다른 관점에서 생각해보도록 격려한다.
- **친구** 친구가 이런 생각을 한다면 친구에게 뭐라고 말할까? 다른 사람의 입장이 되어 생각해 보면 자신의 생각에서 벗어나 객관적으로 바라보는 데 도움이 된다.
- **탐정** 탐정처럼 생각의 증거를 찾아보자. 탐정이 증거를 찾아서 사건을 해결하듯이 내 생각이 맞다는 증거와 틀리다는 증거를 각각 찾아본다. 이 과정을 통해 내 생각이 틀릴 수도 있음을 발견한다.

새 친구 탐정처럼 생각하기에 대한 예시를 소개한다.

활동 3　새 친구 탐정 연습하기

워크북 123쪽

활동 3에 제시한 생각과 그림을 보고 **새 친구 탐정**처럼 현실적인 생각을 찾아본다. 탐정처럼 생각의 증거를 찾기 위해 그림에 나온 단서들을 활용한다. **새 친구 탐정**의 3가지 질문에 익숙해지도록 3가지 질문을 모두 사용해서 연습한다.

　활동 3은 두 페이지로 구성되어 있다. 첫 페이지는 성취와 관련된 상황, 두 번째 페이지는 대인관계와 관련된 상황이다. 성취 및 대인관계와 관련된 부정적인 사건은 십 대들이 우울한 감정을 느낄 수 있는 대표적인 상황이다. 시간이 된다면 2가지 상황을 모두 연습한다.

활동 4　생각을 바꿔주는 새 친구 탐정

워크북 125쪽

아동의 경험 중에서 부정적인 생각과 기분이 들었던 상황 하나를 선택한다. 지난 주 연습과제나 활동 1에서 얘기한 상황을 선택할 수도 있다. 상황, 생각, 기분을 각각 정리한다. 부정적인 생각을 현실적인 생각으로 바꿔보고 기분 점수가 어떻게 달라지는지 살펴본다. 아동이 **새 친구 탐정**의 3가지 질문을 모두 사용하도록 격려한다.

　일반적으로는 생각이 변화되면 기분 점수가 높아지지만 기분 점수가 달라지지 않을 수도 있다. 특히 부정적인 신념이 강하거나 나이가 많으면 기분 변화가 바로 나타나지 않을 수 있다. 기분이 좋아지지 않는다고 해서 생각 바꾸기 연습이 불필요한 것은 아니라는 점을 설명한다. 반면에 실제로는 기분이 그다지 변하지 않았는데도 기분온도계의 점수를 높게 표시할 수도 있다. 기분온도계의 점수가 높아지는 것보다는 아동이 **새 친구 탐정** 각각의 증거들을 찾고 이를 자신의 생각에 적용하느냐가 중요하다.

연습과제 새 친구 탐정 연습하기

한 주 동안 부정적인 생각과 기분이 들었던 상황을 기록한 후 현실적인 생각으로 바꿔보고 기분의 변화를 관찰한다. 여러 상황에서 **새 친구 탐정**을 연습하도록 적어도 두 장 이상 기록한다. 연습과제를 하는 데 예상되는 어려움에 대해 다룬다.

* 상담계획에 따라 재발방지 회기를 진행하고자 한다면 **나는 생각을 바꾸는 문제해결사: 현재편**은 2주 뒤에 진행한다.

나는 생각을 바꾸는 문제해결사: 현재편

나는 생각을 바꾸는 문제해결사는 현재편과 미래편 2회기로 되어 있고 우울의 재발을 막는 것이 목적이다. **나는 생각을 바꾸는 문제해결사**는 아동이 그동안 배운 우울조절기술을 상징한다. '나'는 행동조절기술을 배우는 회기의 제목들인 **즐거운 나, 편안한 나, 자신감 있는 나, 도전하는 나, 함께하는 나**를 나타낸다. '생각을 바꾸는'은 인지 재구조화를 다루는 생각 바꾸기를, 문제해결사는 대처기술을 배우는 문제해결사를 나타낸다.

우울의 재발을 방지하기 위해서는 아동이 우울조절기술을 적재적소에 사용할 수 있어야 한다. **나는 생각을 바꾸는 문제해결사: 현재편**은 우울할 때 아동 스스로 어떤 우울조절기술을 사용할지 선택해서 실행해 보고 도움이 되었는지 검토하는 일종의 총정리 시간이다.

목표

- 현재의 우울 증상을 검토해서 아동 스스로 진전을 확인한다.
- 그동안 배운 우울조절기술들을 정리해 보고 앞으로 계속 사용할 우울조절기술을 선택한다.
- 남아 있는 우울 증상을 다루기 위해 아동 스스로 어떤 우울조절기술을 사용할지 선택해 실행해 보고 결과를 검토하는 연습을 한다.

한 주 동안의 기분을 기분온도계에 기록한다. 기분이 아주 좋았던 날이나 아주 나빴던 날을 포함하여 한 주 동안의 평균적인 기분을 표시한다. 지난 시간과 이번 시간의 기분 온도계 점수가 차이가 있는지를 점검한다. 지난 시간에 비해 기분온도계 점수가 높아졌다면 어떤 활동이나 무엇 때문인지를 확인한다. 기분온도계의 점수 차이가 없거나 더 낮아졌다면 그 이유를 알아본다.

지난 회기의 요약

지난 시간에는 내 생각이 사실에 근거한 현실적인 생각인지를 알아보는 방법, 더 안 좋다는 부정적인 생각을 새 **친구 탐정**을 사용해서 현실적인 생각으로 바꾸는 방법을 배웠다.

연습과제 점검

지난 회기의 연습과제인 새 **친구 탐정** 연습하기를 검토한다. 아동이 새 **친구 탐정**을 제대로 적용했는지, 기분온도계의 점수가 변화했는지 확인한다. 새 **친구 탐정**을 적용했는데도 기분온도계의 점수가 변하지 않았다면, 아동이 부정적인 생각을 반박하는 증거를 충분히 찾았는지 검토하고, 필요하다면 아동과 함께 증거를 더 찾아본다. 상황이나 사건에 따라서는 새 **친구 탐정** 같은 인지 변화만으로는 기분이 확실히 변하기 어려울 수도 있다. 아동에게 한 가지 방법만으로는 기분이 나아지지 않을 때 어떻게 할지를 이번 시간에 배울 것이라고 설명한다. 보상제도를 시행한다면 즐거운 달력에 사인을 한다.

활동 2   나에게 해당되는 것도 있을까?

워크북 131쪽

최근 2주일 동안 아동이 경험한 우울 증상을 워크북에 표시한다. 상담 첫 시간과 비교해 보고 아동이 이룬 변화가 무엇인지를 검토한다. 모든 긍정적인 변화는 아동 스스로 노력해서 이룬 성취라는 것을 강조한다. 현재 남아 있는 증상이 있더라도 **나는 생각을 바꾸는 문제해결사**를 계속 사용하면 앞으로 더 좋아질 것이라고 격려한다.

활동 3   무엇을 배웠나?

워크북 132쪽

우울한 기분을 조절하기 위해 그동안 배우고 연습한 것이 무엇이었는지 정리하는 시간이다. 아동이 배운 기술의 명칭과 그 기술을 설명하는 내용을 찾아 선으로 연결한다.

활동 4   어떻게 도와줄까?

워크북 133쪽

활동 4에서는 활동 3의 내용을 발전시켜 사례에 적합한 우울조절기술을 찾는 연습을 한다. 아동은 이제 우울을 조절하는 전문가가 되었고 우울한 친구들을 도와주는 또래 상담자 역할을 할 수 있다. 아동에게 슬기와 운찬이가 우울에서 벗어나 기분이 좋아지기 위해서는 무엇을 해야 할지 묻는다. 아동이 우울조절기술을 말하면 그 기술을 선택한 이유 또는 어떻게 사용할지 묻는다. 아동이 선택한 기술이 적절하다면 아동은 이제 친구를 도와줄 수 있는 전문가가 되었다고 격려를 해준다. 선택한 기술이 적절하지 않다면 그 기술을 적용하기 어려운 이유를 논의하고 적절한 방법을 다시 찾도록 돕는다.

사례 속의 슬기와 운찬이를 도와줄 수 있는 우울조절기술은 여러 가지가 있다. 아동이 한 가지 방법만 말하기보다는 여러 가지 방법을 생각해 보도록 격려한다. 예를 들

113

어 첫 번째 사례의 슬기는 혼자 할 수 있는 즐거운 활동을 하거나 문제해결사를 사용해서 문제를 해결할 수 있다.

활동 5 나는 생각을 바꾸는 문제해결사입니까? 워크북 134쪽

활동 5에서는 그동안 익힌 우울조절기술들을 총정리해 보고 자신에게 가장 도움이 되는 방법이 무엇이었는지 살펴보는 작업을 한다. 상담자와 아동은 그동안 작성한 워크북 활동지를 참고해서 **나는 생각을 바꾸는 문제해결사입니까?**를 작성한다.

- 즐거운 나 **즐거운 나** 회기의 '즐거운 나의 활동'과 **더 즐거운 나** 회기의 '더 즐거운 나의 활동'을 살펴보면서 기분을 전환시켜주고 즐겁게 해주는 활동을 선택한다.
- 편안한 나 3가지 이완 방법 중에서 계속 사용하고 싶은 방법을 선택한다. 나에게 맞는 이완방법 찾기 활동지를 참고한다.
- 자신감 있는 나 아동이 밝고 자신감 있게 행동할 필요가 있거나 우울 의존 행동을 자주 보이는 상황 중에서 3가지를 선택한다. 이 상황에서 밝고 자신감 있게 행동할 수 있는 방법 3가지를 선택한다. '자신감 있을 때의 나' 활동지 또는 연습과제 활동지를 참고한다.
- 도전하는 나 이 프로그램을 마친 후에도 아동이 계속 도전해 보고 싶은 재능을 한 가지 찾아서 현실적이고 구체적인 목표를 세운다. 상담시간 중에 이미 연습한 재능을 좀 더 발전시키기 원한다면 그렇게 할 수 있다. 이 시간에는 구체적인 단계를 만드는 도전 사다리를 작업은 하지 않는다.
- 함께하는 나 기쁜 일이든 슬픈 일이든 마음을 털어놓고 함께 이야기할 수 있는 사람을 찾아서 적는다. **함께하는 나** 회기의 활동지를 참고한다.
- 문제해결사 문제해결사가 필요해 활동지를 살펴보고 아동을 자주 우울하게 만드는 문제를 찾는다. 아동이 찾은 문제를 이번 시간의 연습과제로 선택할 수 있다.

이 단계에서는 문제해결사를 적용하는 연습은 하지 않지만 아동이 찾은 문제를 이번 시간의 연습과제로 선택할 수 있다.

- **생각 바꾸기** '새 친구 탐정 연습하기' 활동지를 참고해서 아동이 자주 하는 **더 안 좋다**는 부정적인 생각은 무엇인지 찾는다. 부정적인 생각이 **더 안 좋 다** 중에서 어떤 종류의 인지 왜곡에 해당하는지 표시한다. **새 친구 탐정**을 적용해서 바꾼 현실적인 생각이 무엇인지 적는다. 현실적인 생각으로 바뀌지 않은 부정적인 생각이 있다면 이번 회기의 연습과제에서 다룬다.

연습과제 나는 생각을 바꾸는 문제해결사-현재편 　워크북 136쪽

이번 회기의 연습과제는 과제를 계획하는 단계 자체를 하나의 활동으로 생각해 평소보다 시간을 더 많이 할애한다. 연습과제 활동지는 총 3장으로 상담시간에 3장을 모두 작성한다.

　아동과 상담자는 우울조절기술을 좀 더 연습할 필요가 있는 상황을 3가지 고른다. 활동 2의 나에게 해당되는 것도 있을까? 활동지에 표시한 현재 남아 있는 우울 증상, 활동 5 나는 생각을 바꾸는 문제해결사입니까? 활동지에 기록한 자주 우울해지거나 기분이 나빠지는 문제나 상황, 또는 더 안 좋다는 생각을 하는 상황을 참고한다. 상황을 선택할 때는 남아 있는 증상의 심각도 또는 문제나 상황이 아동을 우울하게 하는 정도를 기분온도계로 표현해서 점수가 높은 증상, 문제 또는 상황을 선택한다.

　아동이 선택한 상황을 활동지의 나는 생각을 바꾸는 문제해결사가 필요할 때 칸에 하나씩 적는다. 예를 들어 남아 있는 증상이 '집중이 안 된다'라면 나는 생각을 바꾸는 문제해결사가 필요할 때 칸에 '집중이 안 된다'고 적는다. 일주일 후에 수학 시험이 있고 수학 시험을 볼 때마다 기분이 나빠진다면 다음 페이지의 나는 생각을 바꾸는 문제해결사가 필요할 때 칸에 '수학 시험'이라고 적는다.

　방법에는 아동이 사용할 우울조절기술을 적는다. 예를 들어 '집중이 안 된다'의 경우에는 방법 1- 문제해결사, 방법 2- 도전하는 나, 방법 3- 편안한 나를 적는다. '수학 시험'에는 방법 1- 문제해결사, 방법 2- 생각 바꾸기, 방법 3- 즐거운 나를 적는다. 아동이 어떤 방법을 선택할지 고민한다면 다음과 같은 질문을 한다.

- 이 방법이 우울한 기분을 달라지게 할까?
- 가장 도움이 되는 방법은 무엇일까?
- 그 방법을 사용해서 성공한 적이 있니? 또는 그 방법을 사용했을 때 효과가 있었니?
- 그 방법을 사용하는 것에 익숙하니? 또는 그 방법을 잘 사용할 수 있니?
- 너에게 가장 편한 방법은 무엇이니?

우울조절기술을 선택하는 것뿐만 아니라 그 기술을 어떻게 사용할지 구체적인 실행 계획을 세우는 것도 중요하다. 한 가지 문제나 상황에 대해서는 구체적인 실행 방법까지 의논한다. 활동 5의 나는 생각을 바꾸는 문제해결사입니까? 활동지가 도움을 줄 수 있다. 문제해결사, 도전하는 나, 생각 바꾸기 등과 같이 각 기술을 사용하기 위해 활동지가 필요하다면, 워크북 부록의 활동지에 구체적인 내용을 기록한다. 부록의 기록지를 사용했다면, 아동이 잊지 않고 참고하도록 해당 페이지를 포스트잇이나 클립으로 표시한다.

우울 조절 방법을 사용하기 전후로 기분온도계에 기분을 기록한다. 사용한 방법이 도움이 되었는지도 네 또는 아니오에 표시해야 한다고 설명한다. 이 표시는 다음 회기에 아동에게 도움이 되는 3가지 우울조절기술을 선정할 때 자료로 사용할 것이기 때문에 중요하다.

* **나는 생각을 바꾸는 문제해결사: 미래편** 회기는 2주 뒤에 진행한다.

나는 생각을 바꾸는 문제해결사:
미래편

상담이 순조롭게 진행되었다 하더라도 우울은 재발할 수 있으므로 이 프로그램을 통해서 배운 우울조절기술을 지속적으로 사용하는 것이 중요하다. 아동·청소년은 상담의 종결을 앞두고 상담시간에 배운 우울조절기술 가운데 자신에게 잘 맞고 앞으로도 계속 사용할 기술을 찾아내야 한다. **나는 생각을 바꾸는 문제해결사: 미래편**에서는 상담 종결 이후의 재발 방지 계획을 다룬다.

목표

* 아동이 앞으로 계속 사용할 우울조절기술을 정리해 보고 이를 실행하기 위한 계획을 세운다.
* 우울이 다시 찾아오더라도 실망하지 않고 효과적으로 대처하는 방법에 대해서 배운다.
* 아동이 그동안 이룬 성과와 노력을 자신에게 돌릴 수 있는 축하의 시간을 갖는다.

기분온도계

한 주 동안의 기분을 기분온도계에 기록한다. 기분이 아주 좋았던 날이나 아주 나빴던 날을 포함하여 한 주 동안의 평균적인 기분을 표시한다. 지난 시간과 이번 시간의 기분 온도계 점수가 차이가 있는지를 점검한다. 상담의 종결을 앞두고 기분의 변화가 있는지 살펴본다. 종결의 영향으로 기분온도계의 점수가 낮아졌다면, 이는 우울해진 것이 아니라 상담이 끝나는 것에 대한 자연스러운 또는 정상적인 기분이라고 설명해 준다. 지난 시간에 비해 기분온도계 점수가 높아졌다면 어떤 활동이나 무엇 때문인지를 확인한다.

지난 회기의 요약

지난 시간에는 그동안 배운 우울조절기술들을 정리하는 시간을 가졌다. 우리가 배운 우울조절기술을 약자로 정리하면 **나는 생각을 바꾸는 문제해결사**이다.

연습과제 점검

연습과제인 **나는 생각을 바꾸는 문제해결사-현재편**을 검토한다. 아동에게 도움이 되는 방법이 무엇이었는지 살펴보고 그 방법을 사용해서 기분이 변했는지도 알아본다. 아동이 선택한 방법이 도움이 되지 않았다면, 해당 우울조절기술을 적절하게 적용하지 못한 문제인지, 또는 문제나 상황에 적절하지 않은 방법이었는지를 함께 이야기한다. 아동 스스로 우울조절기술을 선택해서 사용해 본 경험이 어떠했는지를 물어보고 아동의 성장과 발전을 축하해 준다.

나는 생각을 바꾸는 문제해결사 사용후기

지난 시간의 연습과제를 살펴보면서 아동이 어떤 방법을 자주 사용했는지, 얼마나 도움이 되었는지를 평가하는 시간을 갖는다. 이 활동은 새로 산 전자기기를 사용해 본 후에 사용후기로 평점을 매기는 것과 유사하다. 얼마나 자주 사용했는지, 얼마나 도움이 되었는지를 평가하기 위해 **나는 생각을 바꾸는 문제해결사-현재편** 활동지를 참고한다. 얼마나 자주 사용했나요와 얼마나 도움이 되었나요 항목에 별이 많은 방법 3가지를 골라서 활동지에 적는다. 아동에게 상담을 마친 후에도 이 3가지 방법을 계속 사용할 것인지 묻는다. 만일 아동이 아니라고 한다면, 그 이유를 들어본다. 문제나 상황에 따라서 3가지 방법 외에 우리가 배운 다른 우울조절기술도 사용할 수 있다고 설명한다.

활동 3　나는 생각을 바꾸는 문제해결사-미래편　워크북 142쪽

따뜻한 봄이 지나면 무더운 여름이 찾아오고 시원한 가을이 지나면 추운 겨울이 찾아오듯이 우울도 우리를 다시 찾아올 수 있다고 말한다. 더우면 계곡이나 바다에 가서 시원하게 있고 추우면 두꺼운 옷을 입고 장갑도 껴서 따뜻하게 하듯이 우울이 다시 찾아오면 우리가 배운 여러 가지 방법을 사용해서 기분 온도를 조절할 수 있다고 말한다.

　추운 겨울이 되기 전에 두꺼운 옷을 미리 준비하듯이 우울해지기 전에 우울에 대비하는 계획을 세우는 것은 도움이 된다. 우울에 대비하는 계획을 세우는 법은 다음과 같다.

- 앞으로 6개월 동안 아동에게 생길 수 있는 스트레스 사건을 2가지 예상해 본다. 각 사건별로 스트레스를 받아 우울해지기 전에 우울조절기술을 사용할 계획을 세운다. 예를 들어 앞으로 3개월 뒤에 이사를 할 계획이라면 이사를 하더라도 우울해하지 않고 오히려 즐겁게 지내기 위한 계획을 세운다. 방법을 선택할 때 활동 2 **나는 생각을 바꾸는 문제해결사 사용후기**에서 선택한 3가지 방법을 우선 고려한다. 아동이 선택한 방법에 대해서 함께 토론한다.
- 지금보다 더 활동적으로, 더 행복하게, 더 긍정적으로, 더 자신감 있게 생활하기 위

한 계획을 세운다. 이 계획은 아동이 우울을 넘어서 행복한 생활을 하도록 돕기 위해서이다. 아동이 현재보다 행복감을 더 많이 느끼기 위해서 우울조절기술 가운데 어떤 기술을 일상의 습관으로 좀 더 자주 사용할 필요가 있는지 논의한다. 예를 들면 학원을 다녀온 뒤에는 오늘 할 일을 다 한 것에 대해서 긍정적인 혼잣말을 하고, 즐거운 활동으로 음악을 듣고, 엄마에게 오늘 학원에서 있었던 일을 털어놓는다는 계획을 세운다.

활동 4 우울이 다시 찾아오면 워크북 144쪽

아동은 살아가면서 크고 작은 여러 일을 겪을 것이고 열심히 생활하고 도전하다보면 상실과 실패를 경험할 수 있다. 상실과 실패 경험은 우리를 우울에 빠지게 할 수 있지만 우울이 다시 찾아오더라도 실망하거나 당황하지 않는 것이 중요하다. 아동은 이미 우울을 조절하는 방법을 배운 경험자이고 우울할 때 어떻게 해야 할지 잘 아는 전문가이다. 우울을 조절하는 데 성공했다면 다시 찾아온 우울에도 잘 대처할 수 있다. 우울이 다시 찾아오면 다음과 같이 하라고 권한다.

- 워크북을 꺼내 읽는다. 워크북의 내용을 읽다 보면 우울한 기분을 조절하기 위해서 무엇을 해야 할지 방법을 찾게 될 것이다. 워크북은 아동 자신이 만든 좋은 자조 도서이다.
- 워크북의 **나는 생각을 바꾸는 문제해결사 현재편**과 **미래편**을 찾아 나에게 잘 맞았던 방법을 새로운 상황에 적용해 본다. 실제로 적용해 보면 우울한 기분을 조절할 수 있다는 자신감이 생길 뿐만 아니라 분명히 도움이 될 것이다.
- 위의 방법을 사용했는데도 우울한 기분이 나아지지 않는다면 상담자에게 직접 전화를 하거나 부모님께 상담자에게 전화를 해달라고 부탁한다. 상담자에게 필요한 도움을 구하는 것은 **함께하는 나**를 실천하는 것이며, **문제해결사**의 해결방법 가운

데 하나를 실행하는 것이다.

활동 5 내가 이룬 것 워크북 145쪽

상담을 통해 얻은 성과를 아동 자신에게 돌릴 수 있도록 스스로를 칭찬해 주는 활동이다. 부모님이 참여한다면, 그동안의 아동의 노력과 진전에 대해서 부모님이 구체적인 칭찬을 해주는 것도 좋다.

활동 6 축하의 시간 워크북 146쪽

아동을 축하해 주는 시간이다. 첫 회기에 작성한 계약서를 펼쳐서 특별한 즐거운 시간을 어떻게 가질지 물어본다. 아동이 그동안 배운 기술들은 우울을 조절하는 것을 넘어서서 즐거움, 행복, 성취감, 자신감과 같은 긍정적인 기분을 더 많이 느끼는 데 큰 도움이 된다는 것을 강조하고 계속 연습할 것을 권한다. 시간의 여유가 있다면 아동 자신이 스스로를 축하하는 편지를 쓴다.

선택 회기: 듣고 말하는 나

여러분이 만나는 10대 내담자가 사회기술이 부족해서 우울해진 것이라면 체계적이고 집중적인 사회기술훈련이 필요하다. 반면에 우울하고 위축돼서 사회기술을 제대로 발휘하지 못하는 것이라면, 행동조절기술의 일부로써 사회기술을 연습하는 회기를 갖는 것이 도움이 될 수 있다. 즐거움과 사회적 지지의 원천이 되는 친구를 사귀고 우정을 나누기 위해서는 다른 사람의 말을 경청해야 하고 자신의 의사도 정확하게 표현해야 한다. 대화기술은 우울한 십대들이 또래관계에서 즐거움을 느끼고, 사회적 지지를 얻고, 대인관계에서의 갈등을 줄이는 데 필요한 사회기술이다.

목표

- 사회적 상호작용에서 사회적 강화를 이끌어내는 데 도움이 되는 말하기 기술과 듣기 기술을 배운다.
- 대화기술은 눈맞춤, 자세, 표정, 말의 속도, 크기 등에 중점을 두고 연습을 한다.

기분온도계

한 주 동안의 기분을 기분온도계에 기록한다. 기분이 아주 좋았던 날이나 아주 나빴던 날을 포함하여 한 주 동안의 평균적인 기분을 표시한다. 지난 시간과 이번 시간의 기분 온도계 점수가 차이가 있는지를 점검한다. 지난 시간에 비해 기분온도계 점수가 높아졌다면 어떤 활동이나 무엇 때문인지를 확인한다. 기분온도계의 점수 차이가 없거나 더 낮아졌다면 그 이유를 알아본다.

지난 회기의 요약

지난 회기에 다룬 내용을 요약한다.

연습과제 점검

지난 회기의 연습과제를 점검한다. 보상제도를 시행한다면 즐거운 달력에 사인을 한다.

대화기술이란?

아동에게 이야기를 잘해서 재미있거나 인기 있는 친구가 누구인지 물어본다. 그 친구가 이야기할 때의 특징이 무엇인지 함께 찾아본다. 다른 사람의 이야기를 잘 들어주는 친구가 누구인지 물어본다. 그 친구가 다른 사람의 말을 들어줄 때의 모습이 어떤지 함께 찾아본다. 아동과 함께 효과적으로 대화할 때 필요한 듣기 기술과 말하기 기술에는 어떤 것이 있는지 살펴본다. 활동지에서 제시한 것 외에 아동이 추가하고 싶은 것이 있는지 물어보고 기록해둔다. 아동의 친구가 워크북에 나와 있는 대화기술을 갖고 있는지도 함께 이야기한다.

준비물: 스마트폰

대화기술을 연습할 수 있는 주제를 정한다. 상담자와 아동은 활동 4의 이야기 주제를 참고할 수 있다. 상담자는 선택한 주제에 대해서 아동과의 대화를 이끌어 나간다. 대화 시간은 3분 정도가 적절하다. 아동은 상담자와의 대화에 참여하지만 중요한 것은 듣기 기술을 잘 사용하는 것이다. 아동과 상담자의 대화를 동영상으로 촬영한다. 아동이 듣는 모습을 볼 수 있도록 찍는다. 아동이 촬영을 쑥스러워하거나 부담스러워할 수 있다. 아동의 거부감이 심하다면 동영상을 촬영할 수 없지만 동영상 자료는 아동에게 대화 기술에 대한 피드백을 제공하는 데 매우 유용하므로 격려할 필요가 있다. 상담자가 부담을 갖고 접근하면 아동의 자발성이 더 위축되므로 상담자가 회기 전에 자신의 대화 기술을 촬영해 보는 경험을 하거나 회기 중에 상담자가 먼저 시범을 보이는 것은 도움이 될 수 있다.

　아동과 상담자는 촬영한 동영상을 함께 보면서 활동지의 듣기 기술에 표시한다. 상담자는 아동의 듣기 기술에 대해서 피드백을 준다. 피드백을 줄 때는 듣기 기술의 항목을 참고해서 구체적으로 말한다. 예를 들면 "처음인데 참 잘하네. 선생님의 질문을 받을 때 네가 눈을 맞추고 고개를 끄덕이니깐 선생님이 더 애기하고 싶어지더라", "살짝 웃으면서 애기하니 참 좋아 보였어"라고 말한다. 연습이 필요한 기술을 말할 때는 부드럽게 격려하는 방식을 취하면서 어떻게 달라져야 하는지 구체적으로 말한다. 예를 들면 "선생님을 쳐다보려고 했던 것이 참 좋았어. 선생님을 조금만 더 오래 쳐다보면 좋을 것 같아."

　상담자와 아동은 듣기 기술을 한 번 더 연습하기 위한 새로운 대화 주제를 선택한다. 아동과 상담자는 이전과 동일한 방식으로 대화를 하고 스마트폰으로 촬영을 한다. 두 번째 대화에서 아동이 할 일은 듣기 기술에 '아니오'라고 표시한 항목이 '예'라고 표시될 수 있게 신경을 쓰면서 상담자의 이야기를 듣는 것이다. 대화를 마친 후에는 동영상을 보면서 아동의 진전에 대한 피드백을 준다.

말하는 기술 워크북 153쪽

말하기 기술을 연습할 수 있는 주제를 정한다. 워크북에 나와있는 이야기 주제를 참고한다. 말하기 기술 연습에서는 아동이 대화를 이끌어가야 한다. 아동이 원한다면 대화를 시작하기 전에 무슨 말을 할지 마음속으로 준비할 시간을 가질 수 있다. 대화 시간은 3분 정도이다. 아동은 대화를 할 때, 말하기 기술을 신경 쓰면서 말한다. 아동과 상담자의 대화를 촬영한다. 아동이 말하는 모습을 볼 수 있도록 찍는다.

아동과 상담자는 촬영한 동영상을 함께 보면서 활동지에 말하기 기술을 표시한다. 상담자는 아동의 말하기 기술에 대해서 피드백을 준다. 아동이 잘한 부분은 칭찬해 주고 연습이 더 필요한 항목에 대해서는 부드럽지만 구체적으로 피드백을 준다.

상담자와 아동은 말하기 기술을 한 번 더 연습하기 위한 대화 주제를 선택한다. 아동과 상담자의 대화를 촬영한다. 두 번째 대화에서 아동이 할 일은 말하기 기술에 '아니오'라고 표시한 항목이 '예'라고 표시되도록 신경을 쓰면서 이야기를 하는 것이다. 대화를 마친 후에는 동영상을 보면서 아동의 진전에 대해 피드백을 준다.

토크쇼 '만나고 싶었습니다' 워크북 154쪽

듣는 기술과 말하는 기술을 동시에 연습하는 활동이다. 아동은 학교 방송반의 토크쇼 프로그램인 '만나고 싶었습니다'의 출연자, 상담자는 사회자 역할을 맡는다. 아동은 워크북에 사회자의 예상 질문과 자신의 대답을 적는다. 상담자가 초대 손님인 아동에게 질문을 하고 아동은 대답을 한다. 이 때 아동은 듣기 기술과 말하기 기술을 모두 사용해야 한다. 토크쇼 역할극은 5분 정도 진행한다. 아동과 상담자의 대화 장면을 촬영한다. 아동과 상담자는 동영상을 보면서 대화기술 점검표를 사용해서 듣기 기술과 말하기 기술에 대해 피드백을 주고받는다. 아동이 초대 손님 역할을 어려워한다면 상담자가 출연자 역할을 먼저 하고 아동은 사회자 역할을 한 후 역할을 바꿔 볼 수 있다.

연습과제 듣고 말하는 나

이번 회기 동안 배운 듣기, 말하기 기술을 활용해 대화하기를 계획한다. 활동 5에서 찾은 더 연습이 필요한 대화기술을 염두에 두면서 대화한다. 직접 만나서 대화할 수 없다면 영상통화를 할 수도 있다. 대화는 3분 이상 지속돼야 한다.

저자 소개

양윤란

마인드빅 상담센터 공동소장
연세대학교 및 동 대학원 심리학과 졸업 (철학박사, 임상심리학 전공)
Macquarie University Centre for Emotional Health, Post-doc Fellow
(전)연세대학교 심리학과 겸임교수
임상심리전문가(한국심리학회), 정신보건임상심리사 2급(보건복지부)

이경희

마인드빅 상담센터 공동소장
연세대학교 및 동 대학원 심리학과 졸업 (철학박사, 임상심리학 전공)
(전)연세대학교 학생생활상담연구소 상담원
서울가정법원 위촉 심리상담 전문가
수원지방법원 성남지원 위촉 가사전문상담위원
임상심리전문가(한국심리학회)

고혜정

마인드빅 상담센터 공동소장
연세대학교 및 동 대학원 심리학과 졸업 (문학석사, 임상심리학 전공)
(전)분당서울대학교병원 정신건강의학과 임상심리전문가
서울가정법원 위촉 심리상담 전문가
임상심리전문가(한국심리학회), 정신보건임상심리사 1급(보건복지부)

이은식

마인드빅 상담센터 공동소장
연세대학교 및 동 대학원 심리학과 졸업 (문학석사, 임상심리학 전공)
연세대학교 인간행동연구소 연구원
서울가정법원 위촉 심리상담 전문가
임상심리전문가(한국심리학회), 정신보건임상심리사 1급(보건복지부)

강지현

동덕여자대학교 아동학과 교수
서울대학교 대학원 교육학과 졸업 (교육학 석사, 교육상담 전공)
연세대학교 대학원 심리학과 졸업 (철학박사, 임상심리학 전공)
(전)연세대학교 인간행동연구소 내 연세심리건강센터 상담원
(전)서울대학교 대학생활문화원 상담원
상담심리사 1급, 임상심리전문가(한국심리학회)